Rezepte mit Fleisch – garantiert gut

KÖNEMANN

Nützliche Hinweise

Für Anfänger

Für weniger erfahrene Köche

Für erfahrene Köche

Es gelten die üblichen Maße in Gramm und Liter. Des weiteren wird die Maßeinheit Tasse – mit einem Fassungsvermögen von 250 ml – verwendet. Die in den Rezepten verwendeten Eier wiegen durchschnittlich 60 g. Die Dosengrößen sind bei jedem Hersteller verschieden, verwenden Sie daher die Größe, die der im Rezept angegebenen am nächsten kommt.

Maßeinheiten und Abkürzungen:

EL	= Eßlöffel
Dse.	= Dose
Min.	= Minute/n
Pers.	= Personen
Std.	= Stunde/n
TL	= Teelöffel
Tse.	= Tasse/n
TK	= Tiefkühl-Kost

This book is made up from selected recipes from Murdoch Books publications originally titled Favourite Meat Recipes and Casseroles and Pies.

Übersetzung aus dem Englischen: Petra Bird
Redaktion und Satz der deutschen Ausgabe: Lektoratsbüro Bleil, Laufenburg
Projektkoordination: Sylvia Hecken
Assistenz: Alex Morkramer
Montage: Reproservice Werner Pees
Herstellungsleitung: Detlev Schaper
Druck und Bindung: Sing Cheong Printing Co., Ltd.
Printed in Hong Kong, China
ISBN 3-8290-0021-9

Inhalt

Gerichte aus dem Wok 4

Kurzgebratenes 16

Geschmortes 32

Familiengerichte 48

Register 64

Gerichte aus dem Wok

Rindergeschnetzeltes mit schwarzen Bohnen

Vorbereitungszeit: 15 Min.
Marinierzeit: 1 Std.
Zubereitungszeit: 10 Min.
Für 4 Personen

750 g		**Rumpsteak**
2		**Knoblauchzehen, zerdrückt**
2	TL	**frischer Ingwer, geraspelt**
2	EL	**trockener Sherry**
1	EL	**Sojasauce**
2	TL	**Stärke**
3	EL	**Erdnußöl**
2		**mittelgroße Zwiebeln, geachtelt**
1		**großer grüner Paprika, in Streifen geschnitten**
1	Dse.	**(230 g) Bambussprossen, in Scheiben geschnitten, abgetropft**
2	EL	**schwarze Bohnen aus der Dose, abgespült und kleingeschnitten**
1	TL	**Stärke, zusätzlich**
1	EL	**Hühnerbrühe**

➤ Das Fleisch von Fett und Sehnen befreien.

1 Anschließend quer zur Faser in lange, feine Streifen schneiden. Knoblauch, Ingwer, Sherry, Sojasauce und Stärke miteinander verrühren; Fleisch zugeben und in der Marinade wenden, mit Klarsichtfolie abdecken und 1 Stunde (besser über Nacht) ziehen lassen, gelegentlich umdrehen. Fleisch abtropfen lassen, Marinade auffangen.

2 2 EL Erdnußöl im Wok oder einer gußeisernen Pfanne schwenken, so daß es sich gleichmäßig verteilt, und erhitzen. Das Fleisch in kleinen Portionen bei starker Hitze kurz anbraten, bis es gebräunt, aber nicht durchgebraten ist; auf Küchenkrepp abtropfen lassen. Anschließend auch das restliche Öl im Wok schwenken und erhitzen, Zwiebeln und Paprika zugeben und unter Rühren bei starker Hitze 3 Minuten braten, bis die Zwiebeln weich sind. Bambussprossen und schwarze Bohnen zugeben, eine Minute bei starker Hitze unter Rühren anbraten.

3 1 TL Stärke und die Hühnerbrühe mit der restlichen Marinade glattrühren, zum Fleisch in den Wok geben und bei starker Hitze verrühren, bis die Sauce eindickt. Anschließend vom Herd nehmen und sofort servieren. Dazu Reis reichen.

TIP

Das Gericht sollte immer frisch zubereitet werden.
Bohnenreste sind in einem luftdicht verschlossenen Glas bis zu 2 Wochen im Kühlschrank haltbar.

1

2

3

Rindergeschnetzeltes mit grünem Spargel

Vorbereitungszeit: 15 Min.
Marinierzeit: 30 Min.
Zubereitungszeit: 10 Min.
Für 4 Personen

500	g	**Rumpsteak**
2	EL	**Sojasauce**
1	EL	**trockener Sherry**
2	TL	**frischer Ingwer, feingeraspelt**
1	TL	**Sesamöl**
1		**Knoblauchzehe, zerdrückt**
1		**mittelgroße rote Chilischote, in feinen Streifen**
12		**Stangen frischer grüner Spargel**
2	EL	**Erdnußöl**
1	TL	**Stärke**

➤ Fleisch von Fett und Sehnen befreien.

1 Anschließend quer zur Faserrichtung in lange, feine Streifen schneiden. Sojasauce, Sherry, Ingwer, Sesamöl, Knoblauch und Chili verrühren. Das Fleisch zugeben, darin wenden und 30 Minuten marinieren. Dann abtropfen lassen, die Marinade auffangen.

2 Spargel in 5 cm lange Stücke schneiden, die holzigen Enden entfernen. 1 EL Öl in einem Wok oder einer gußeisernen Pfanne erhitzen. Dabei Wok oder Pfanne leicht schwenken, so daß es sich rundum gleichmäßig verteilt. Den Spargel zugeben, bei mittlerer Hitze 2 Minuten anbraten, herausnehmen und warm stellen. Das restliche Öl im Wok oder der Pfanne verteilen, erhitzen und das Fleisch in kleinen Portionen bei starker Hitze kurz anbräunen, nicht durchbraten. Auf Küchenkrepp abtropfen lassen.

3 Stärke mit restlicher Marinade glattrühren, mit Spargel und Fleisch in den Wok oder die Pfanne geben. Bei starker Hitze verrühren, bis die Sauce eindickt. Sofort servieren.

TIP

Immer frischen Spargel verwenden. Dosenspargel ist ungeeignet.

1

2

3

Geschnetzeltes Rinderfilet mit Sesampflaumen

Vorbereitungszeit: 30 Min.
Marinierzeit: 1 Std.
Zubereitungszeit: 20 Min.
Für 4 Personen

750	g	Rinderfilet
125	ml	Tomatensauce (mit Stücken)
125	ml	Pflaumensauce
1	EL	Sojasauce
1	TL	Chilisauce
2	EL	Sesamsamen
1	EL	Erdnußöl
2	TL	Sesamöl
1		große Möhre, in feine Streifen geschnitten
2		Selleriestangen, in feine Streifen geschnitten
1		große Zucchini, in feine Streifen geschnitten
1		mittelgroßer roter Paprika, in feine Streifen geschnitten
1		mittelgroße Zwiebel, geachtelt

➤ Fleisch von Fett und Sehnen befreien und längs in vier Stücke schneiden.

1 Anschließend quer zur Faser in lange, feine Streifen schneiden. Tomaten-, Pflaumen-, Soja- und Chilisauce vermischen. Das Fleisch in der Marinade wenden, mit Klarsichtfolie abdecken und 1 Stunde (oder über Nacht) ziehen lassen, gelegentlich umdrehen.

2 Sesamsamen in einer kleinen Pfanne bei mittlerer Hitze goldbraun rösten; herausnehmen. Erdnuß- und Sesamöl in einem Wok (oder einer gußeisernen Pfanne) erhitzen. Dabei den Wok leicht schwenken, so daß sich das Öl rundum gleichmäßig verteilt. Möhren zugeben und 3 Minuten bei mittlerer Hitze anbraten. Sellerie, Zucchini, Paprika und Zwiebel zufügen und unter Rühren ca. 4 Minuten garen, bis das Gemüse zart ist; herausnehmen und warm stellen.

3 Den Wok wieder erhitzen und das Fleisch in der Marinade portionsweise bei starker Hitze schnell anbräunen, nicht durchbraten. Auf Küchenkrepp abtropfen lassen. Dann erneut bei starker Hitze braten, bis die Sauce angedickt ist. Über die Gemüsestreifen geben, mit Sesamsamen bestreuen.

TIP

Das Gericht immer frisch zubereiten. Feingeschnittenes Gemüse gart schnell.

1

2

3

1

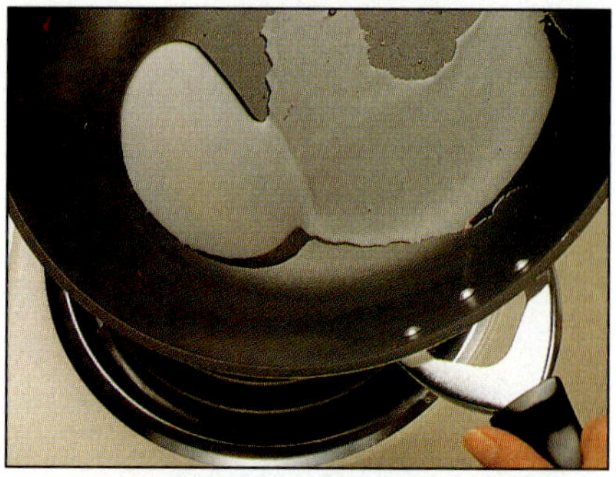

2

3

4

Rindfleisch mit Paprikastreifen in Austernsauce

Vorbereitungszeit: 15 Min.
Zubereitungszeit: 8 Min.
Für 6 Personen

500	g	Rumpsteak
1	EL	Sojasauce
1		Eiweiß, leicht geschlagen
1	EL	Stärke
1/4	TL	gemahlener schwarzer Pfeffer
2	EL	Erdnußöl
1	EL	frischer Ingwer, geraspelt
1/4	TL	Fünf-Gewürz-Pulver
1		kleiner grüner Paprika, in Rauten geschnitten
1		kleiner roter Paprika, in Rauten geschnitten
2		Selleriestangen, in feine Streifen geschnitten
1	Dse.	(425 g) zarte Maiskölbchen, abgetropft
2	EL	Austernsauce
2		Frühlingszwiebeln, diagonal in Streifen geschnitten

➤ Das Fleisch von Fett und Sehnen befreien.

1 Anschließend quer zur Faser in lange, feine Streifen schneiden. Sojasauce, Eiweiß, Stärke und Pfeffer verrühren und das Fleisch darin wenden.

2 1 EL Öl in einem Wok (oder einer gußeisernen Pfanne) erhitzen. Dabei leicht schwenken, damit es sich gleichmäßig im Wok verteilt. Ingwer, Fünf-Gewürz-Pulver, Paprika, Sellerie und Maiskolben bei starker Hitze 2 Minuten anbraten; das Gemüse sollte bißfest bleiben. Herausnehmen und warm stellen.

3 Restliches Öl im Wok verteilen und erhitzen und das Fleisch portionsweise bei starker Hitze kurz anbräunen (nicht durchbraten), auf Küchenkrepp abtropfen lassen.

4 Fleisch und Gemüse zurück in den Wok geben, mit Austernsauce verrühren und bei starker Hitze unter Rühren garen. Vom Herd nehmen, mit Frühlingszwiebeln garniert sofort servieren.

TIP

Das Gericht immer frisch zubereiten.

Rindergeschnetzeltes mit Walnüssen

Vorbereitungszeit: 20 Min.
Marinierzeit: 2 Std.
Zubereitungszeit: 15 Min.
Für 6 Personen

1	kg	**Rumpsteak**
2	TL	**frischer Ingwer, geraspelt**
2		**Knoblauchzehen, zerdrückt**
2		**Frühlingszwiebeln, feingewürfelt**
60	ml	**Sojasauce**
60	ml	**Austernsauce**
2	EL	**trockener Sherry**
2	EL	**Erdnußöl**
½	Tse.	**Walnußhälften**
1		**großer roter Paprika, in feine Streifen geschnitten**
2	TL	**Sesamöl**
½	TL	**Stärke**
60	ml	**Hühnerbrühe**

➤ Das Fleisch von überflüssigem Fett und Sehnen befreien.

1 Anschließend quer zur Faserrichtung in feine Streifen schneiden. Ingwer, Knoblauch, Frühlingszwiebeln, Soja-, Austernsauce und Sherry vermischen, Fleisch zugeben, in der Marinade wenden, mit Klarsichtfolie abdecken und 2 Stunden (oder über Nacht) ziehen lassen. Gelegentlich umdrehen. Fleisch abtropfen lassen, Marinade auffangen.

2 1 EL Öl im Wok (oder einer gußeisernen Pfanne) erhitzen, dabei leicht schwenken, um das Öl gleichmäßig rundum zu verteilen. Die Walnüsse bei starker Hitze ca. 1 Minute von allen Seiten leicht anrösten. Paprika zufügen und 2 Minuten unter Rühren schmoren, aus der Pfanne nehmen und warm stellen. Das restliche Öl sowie das Sesamöl im Wok erhitzen und verteilen. Das Fleisch in kleinen Portionen bei starker Hitze scharf anbraten. Anschließend auf Küchenkrepp abtropfen lassen.

3 Stärke, Hühnerbrühe und die übrige Marinade glattrühren und zusammen mit dem vorbereiteten Fleisch und dem Gemüse im Wok bei starker Hitze unter Rühren garen, bis die Sauce eindickt. Anschließend vom Herd nehmen und sofort servieren.

TIP

Das Gericht immer frisch zubereiten.

1

2

3

Bunte Rindfleischpfanne mit Brokkoli

Vorbereitungszeit: 10 Min.
Marinierzeit: 2 Std.
Zubereitungszeit: 15 Min.
Für 4 Personen

750	g	**Rumpsteak**
2	EL	**Stärke**
1	EL	**Sojasauce**
1	EL	**trockener Sherry**
1	TL	**frischer Ingwer, geraspelt**
60	ml	**Erdnußöl**
1		**große Möhre, in feine Stifte geschnitten**
300	g	**Brokkoliröschen**
2	EL	**süße Chilisauce**
125	ml	**Rinderbrühe**

➤ Überflüssiges Fett und Sehnen vom Fleisch entfernen.

1 Das Fleisch quer zur Faserrichtung in lange, feine Streifen schneiden. Stärke, Sojasauce, Sherry und Ingwer vermischen, das Fleisch darin wenden und mit Klarsichtfolie abgedeckt 2 Stunden (oder über Nacht) marinieren, gelegentlich umdrehen. Fleisch abtropfen lassen und die Marinade auffangen.

2 1 EL Öl in einem Wok (oder einer gußeisernen Pfanne) erhitzen. Dabei leicht schwenken, damit es sich rundum gleichmäßig verteilt. Möhren und Brokkoli zugeben und bei starker Hitze 4 Minuten von allen Seiten leicht anbraten, aus dem Wok nehmen und warm stellen. Das restliche Öl im Wok schwenken und erhitzen und das Fleisch in kleinen Portionen bei starker Hitze bräunen (ständig rühren), jedoch nicht durchbraten. Anschließend aus dem Wok nehmen und auf Küchenkrepp abtropfen lassen.

3 Sauce, Brühe und übrige Marinade vermischen und bei mittlerer Hitze unter Rühren zum Kochen bringen. Brokkoli, Möhren und Fleisch zugeben und bei mittlerer Hitze vorsichtig garen, dabei weiter rühren. Vom Herd nehmen und sofort servieren.

TIP

Wenn Sie gern schärfer essen, können Sie ein wenig frischen, kleingehackten Chili zugeben.

1

2

3

Chili-Lamm mit Cashew

Vorbereitungszeit: 10 Min.
Zubereitungszeit: 10 Min.
Für 4 Personen

750	g	**Lammfilet**
4	EL	**Erdnußöl**
1	Tse.	**(150 g) Cashewkerne**
1		**große Zwiebel, geachtelt**
200	g	**Zuckererbsen**
1	Dse.	**(230 g) geschnittene Bambussprossen, abgetropft**
2	EL	**Chilisauce**
1	EL	**Sojasauce**

➤ Das Fleisch von Fett und Sehnen befreien und quer zur Faserrichtung in lange, feine Streifen schneiden.

1 2 EL Öl in einem Wok (oder einer gußeisernen Pfanne) erhitzen. Dabei leicht schwenken, damit sich das Öl rundum verteilt. Das Fleisch portionsweise bei starker Hitze bräunen, aber nicht durchbraten. Aus dem Wok nehmen und auf Küchenkrepp abtropfen lassen.

2 Den Wok mit Küchenpapier auswischen. Wiederum 1 EL Öl erhitzen, die Cashewkerne darin goldbraun rösten, mit einem Schaumlöffel herausnehmen und auf Küchenkrepp abtropfen lassen.

3 Das restliche Öl im Wok schwenken und erhitzen, Zwiebeln und Zuckererbsen bei mittlerer Hitze 2 Minuten unter Rühren anbraten; die Bambussprossen zufügen, 1 weitere Minute braten. Das Fleisch, Cashewkerne, Chili- und Sojasauce in den Wok geben und bei hoher Hitze rühren, bis das Fleisch gar und die Sauce heiß ist. Sofort servieren.

TIP

Das Gericht immer frisch zubereiten.

1

2

3

Bunte Rindfleischpfanne mit Brokkoli (oben), Chili-Lamm mit Cashew (unten)

Satay-Lamm mit Nudeln

Vorbereitungszeit: 15 Min.
Zubereitungszeit: 10 Min.
Für 4 Personen

750	g	Lammfilet
60	ml	Erdnußöl
3		große Zwiebeln, grobgeschnitten
1/3	Tse.	Erdnußbutter mit Stückchen
2	EL	Hoisinsauce
125	ml	Kokosmilch
1/4	TL	Garam masala
100	g	trockene Eiernudeln
3	TL	Sesamöl
2		Frühlingszwiebeln, feingehackt

➤ Fleisch von überflüssigem Fett und Sehnen befreien.

1 Anschließend quer zur Faser in lange, feine Streifen schneiden. 1 EL Öl in einem Wok (oder einer gußeisernen Pfanne) erhitzen. Dabei den Wok leicht schwenken, so daß sich das Öl gleichmäßig darin verteilt. Die Zwiebeln bei starker Hitze 5 Minuten anbraten, aus dem Wok nehmen und warm stellen.

2 Das restliche Öl im Wok schwenken und erhitzen und das Fleisch portionsweise bei starker Hitze kurz bräunen, nicht durchbraten. Herausnehmen und auf Küchenkrepp abtropfen lassen.

3 In einer kleinen Schüssel Erdnußbutter, Hoisinsauce, Kokosmilch und Garam masala mischen; in den Wok geben und bei mittlerer Hitze unter Rühren zum Kochen bringen. Fleisch und Zwiebeln zugeben und erhitzen.

4 Die Nudeln in einem großen Topf *al dente* kochen. Abgießen, mit Sesamöl und Frühlingszwiebeln mischen und zusammen mit dem Lammfleisch servieren.

TIP

Das Gericht immer frisch zubereiten. Trockene Eiernudeln sind in Asia-Läden erhältlich. Frische Eiernudeln können ebenfalls verwendet werden. Diese haben eine sehr kurze Kochzeit. Es gibt eine Fülle verschiedener Hartweizen- und Reisnudelsorten, die sich in Beschaffenheit und Geschmack unterscheiden. Alle können in diesem Gericht verwendet werden, so daß Ihnen viele Varianten zur Verfügung stehen.

1

2

3

4

Mongolisches Lammfleisch

Vorbereitungszeit: 15 Min.
Marinierzeit: 1 Std.
Zubereitungszeit: 10 Min.
Für 4 Personen

750	g	Lammfilet
2		Knoblauchzehen, zerdrückt
1	TL	frischer Ingwer, geraspelt
1	EL	Sesamöl
2	EL	Erdnußöl
4		mittelgroße Zwiebeln, geachtelt
3	TL	Stärke
1	EL	Sojasauce
60	ml	trockener Sherry
1	EL	geröstete Sesamsamen (s. Tip)

➤ Fett und Sehnen vom Fleisch lösen.

1 Dann quer zur Faser in lange, feine Streifen schneiden. Knoblauch, Ingwer und Sesamöl mischen und das Fleisch darin wenden. Mit Klarsichtfolie abgedeckt 1 Stunde (oder über Nacht) ziehen lassen, ab und zu umdrehen.

2 Erdnußöl im Wok (oder einer gußeisernen Pfanne) gleichmäßig verteilen und erhitzen. Zwiebeln bei mittlerer Hitze 4 Minuten anbraten. Herausnehmen und warm stellen. Den Wok erneut erhitzen und das Fleisch in kleinen Portionen bei starker Hitze kurz bräunen, aber nicht durchbraten. Auf Küchenkrepp abtropfen lassen.

3 Stärke, Sojasauce und Sherry glattrühren und zusammen mit dem Fleisch im Wok bei starker Hitze garen, bis die Sauce angedickt ist. Vom Herd nehmen, mit Zwiebeln und Sesamsamen bestreut servieren.

TIP

Das Gericht immer erst kurz vor dem Servieren zubereiten.

Nach dem Öffnen sollte das Sesamöl luftdicht verschlossen im Kühlschrank aufbewahrt werden, da Nußöle in der Wärme leicht ranzig werden.

Sesamsamen werden bei mittlerer Hitze unter Rühren goldgelb geröstet.

Das Fleisch vor dem Schneiden für einige Zeit in den Gefrierschrank legen. Angefrorenes Fleisch läßt sich viel leichter in feine Streifen schneiden.

1

2

3

Süßsaure Schweinerippchen

Vorbereitungszeit: 5 Min.
Zubereitungszeit: 20 Min.
Für 6 Personen

1	kg	**Schweinerippchen**
1/4	Tse.	**Stärke**
60	ml	**Erdnußöl**
6		**Frühlingszwiebeln, in 2,5 cm dicke Scheiben geschnitten**
1		**kleiner roter Paprika, in Rauten geschnitten**
1		**kleiner grüner Paprika, in Rauten geschnitten**
2		**Selleriestangen, in feine Scheiben geschnitten**
60	ml	**ungesüßter Ananassaft**
2	EL	**Weißweinessig**
2	EL	**Sojasauce**
1	EL	**Tomatenmark**
1	EL	**weicher brauner Zucker**
2	TL	**Stärke, zusätzlich**
125	ml	**Hühnerbrühe**

➤ Die Rippchen von Schwarte und überflüssigem Fett befreien.

1 Anschließend in kochendes Wasser geben und 10 Minuten köcheln. Auf Küchenkrepp abtropfen lassen.

2 Jedes Rippchen halbieren und in Stärke wenden (überschüssiges Mehl abschütteln). Das Öl im Wok (oder einer gußeisernen Pfanne) erhitzen. Den Wok dabei leicht schwenken, damit es sich rundum verteilt. Die Rippchen portionsweise bei starker Hitze ca. 10 Minuten goldbraun braten, auf Küchenkrepp abtropfen lassen und warm stellen.

3 Zwiebeln und Gemüse in den Wok geben und bei starker Hitze unter Rühren nicht mehr als 3 Minuten braten, so daß sie noch bißfest sind. Herausnehmen und warm stellen.

4 Ananassaft, Essig, Sojasauce, Tomatenmark und Zucker in einer kleinen Schüssel verrühren, dann in den Wok geben. Stärke mit der Hühnerbrühe glattrühren, zugießen und solange köcheln, bis die Flüssigkeit andickt. Rippchen und Gemüse zurück in den Wok geben und 2 Minuten köcheln. Mit gedämpftem Reis servieren.

TIP

Das Gericht immer frisch zubereiten.

Kaufen Sie so magere Rippchen wie möglich und entfernen Sie überflüssiges Fett und Schwarte. Zuviel Fett kann den charakteristischen Geschmack des Gerichts zerstören.

Erdnußöl ist eines der besten Öle für gebratene Pfannengerichte. Es hat einen milden Geschmack, der die anderen Zutaten nicht überlagert, und läßt sich stark erhitzen. Nach dem Kochen sollten alle Nahrungsreste herausgesiebt werden. Erdnußöl kann maximal dreimal wiederverwendet werden, dann muß es entsorgt werden.

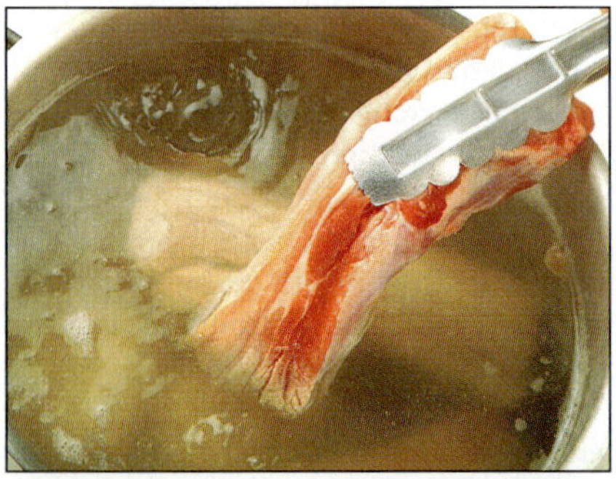
1

2

3

4

Kurzgebratenes

Rind Stroganoff

Vorbereitungszeit: 25 Min.
Zubereitungszeit: 12 Min.
Für 6 Personen

1	kg	**Rumpsteak am Stück**
$^1/_3$	Tse.	**Mehl**
$^1/_4$	TL	**gemahlener schwarzer Pfeffer**
60	ml	**Olivenöl**
1		**große Zwiebel, gewürfelt**
500	g	**frische Champignons**
1	EL	**gemahlener Paprika, edelsüß**
1	EL	**Tomatenmark**
2	TL	**Französischer Senf**
125	ml	**trockener Weißwein**
60	ml	**Hühnerbrühe**
$^3/_4$	Tse.	**Sauerrahm**
1	EL	**frische Petersilie, gehackt**

➤ Das Fleisch von überflüssigem Fett und Sehnen befreien.

1 Anschließend quer zur Faserrichtung in kurze, dünne Stücke schneiden. Mehl und Pfeffer auf Pergamentpapier mischen. Das Fleisch darin wenden, überschüssiges Mehl abschütteln.

2 2 EL Öl in einer gußeisernen Pfanne erhitzen und das Fleisch portionsweise bei starker Hitze anbraten und bräunen; auf Küchenkrepp abtropfen lassen.

3 Das restliche Öl in die Pfanne geben und die Zwiebeln bei mittlerer Hitze 3 Minuten braten, bis sie weich sind. Die Champignons zufügen und 5 Minuten bei mittlerer Hitze unter ständigem Rühren garen.

4 Paprika, Tomatenmark, Senf, Wein und Hühnerbrühe untermischen und zum Kochen bringen. Anschließend die Hitze reduzieren und die Mischung 5 Minuten auf kleiner Flamme ohne Deckel köcheln lassen, dabei gelegentlich umrühren. Das Fleisch mit dem Sauerrahm unterrühren und erneut kurz erhitzen. Vor dem Servieren mit Petersilie bestreuen.

TIP

Das Gericht kann ohne Sauerrahm und Petersilie einige Stunden zuvor zubereitet und im Kühlschrank aufbewahrt werden. Bei Bedarf dann langsam erwärmen und die restlichen Zutaten beifügen.

1

2

3

4

Steak Diane

Vorbereitungszeit: 5 Min.
Zubereitungszeit: 6–16 Min.
Für 6 Personen

6		**Filetsteaks, ca. 130 g/Stck.**
½	TL	**gemahlener schwarzer Pfeffer**
45	g	**Butter**
20	g	**Butter, zusätzlich**
4		**Knoblauchzehen, zerdrückt**
2		**Frühlingszwiebeln, feingehackt**
2	EL	**Worcestersauce**
1	EL	**Brandy**
125	ml	**Sahne**
2	EL	**frische Petersilie, feingehackt**

➤ Fleisch von Fett und Sehnen befreien, flachklopfen und pfeffern. An den Rändern mehrmals einschneiden, damit es sich beim Braten nicht wellt.

1 Butter in einer Pfanne erhitzen. Steaks bei starker Hitze von jeder Seite 2 Minuten anbraten, dabei einmal wenden. Soll das Fleisch innen noch blutig sein, von jeder Seite eine weitere Minute braten. Ansonsten die Hitze reduzieren und bei mittlerer Temperatur nochmals 2–3 Minuten (medium) bzw. 4–6 Minuten (durch) pro Seite weiterbraten. Aus der Pfanne nehmen und auf Küchenkrepp abtropfen lassen.

2 Die restliche Butter in der Pfanne erhitzen, Knoblauch und Zwiebeln bei niedriger Temperatur 3 Minuten braten. Worcestersauce und Brandy zugeben; solange rühren, bis sich Bratrückstände vom Pfannenboden gelöst haben.

3 Die Sahne einrühren, 5 Minuten auf kleiner Flamme kochen. Steaks mit Petersilie zurück in die Pfanne geben und erhitzen.

TIP

Immer frisch zubereiten und die angegebenen Zeiten genau beachten, um das gewünschte Ergebnis zu erzielen.

1
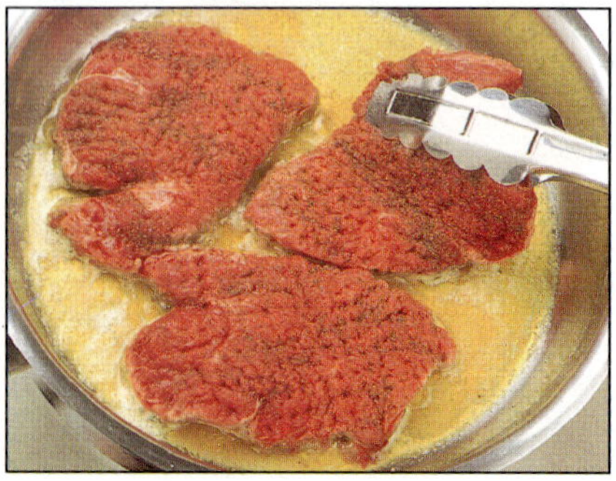

2

3

Pfeffersteaks in Rotwein

Vorbereitungszeit: 10 Min.
Zubereitungszeit: 8–18 Min.
Für 4 Personen

4		**4 cm dicke Filetsteaks, ca. 300 g/Stck.**
2	EL	**gemahlener schwarzer Pfeffer**
1	EL	**Öl**
15	g	**Butter**
1		**mittelgroße Zwiebel, geachtelt**
2		**Knoblauchzehen, zerdrückt**
80	ml	**Rotwein**
2	EL	**Brandy**
250	ml	**Rinderbrühe**
2	EL	**frische Petersilie, gehackt**
30	g	**Butter, zusätzlich**

➤ Fleisch von überflüssigem Fett und Sehnen befreien; pfeffern.

1 Öl und Butter in einer Pfanne stark erhitzen. Die Steaks von jeder Seite 3 Minuten scharf anbraten, einmal wenden. Sollen die Steaks innen blutig sein, 1 weitere Minute von jeder Seite braten. Anderenfalls bei mittlerer Temperatur 2–3 Minuten (medium) bzw. 4–6 Minuten (durch) pro Seite weiterbraten. Aus der Pfanne nehmen und warm stellen.

2 Anschließend Zwiebeln und Knoblauch in der Pfanne anbraten, bis sie weich sind. Wein, Brandy und Rinderbrühe zugießen und zum Kochen bringen. Dann auf kleiner Flamme ohne Deckel 5 Minuten kochen, bis die Flüssigkeit zur Hälfte reduziert ist.

3 Die Petersilie und die restliche Butter in die Pfanne geben und verrühren; die Sauce über den Steaks verteilen.

TIP

Das Gericht sollte immer frisch zubereitet werden.

Zum Warmhalten die Steaks in eine hitzebeständige Form legen, mit Alufolie abdecken und bei 120 °C in den Backofen stellen.

1

2

3

Mariniertes T-Bone Steak

Vorbereitungszeit: 5 Min.
Marinierzeit: 2 Std.
Zubereitungszeit: 6–16 Min.
Für 6 Personen

6		T-Bone Steaks, 330 g/Stck.
2		Knoblauchzehen, zerdrückt
1		große Zwiebel, gewürfelt
1/2	TL	gemahlener Oregano
1/4	TL	gemahlener Kreuzkümmel
1/4	TL	Chilipulver
2	TL	weicher brauner Zucker
2	EL	Tomatenmark
1		Rinderbrühwürfel, zerkrümelt
125	ml	Wasser
60	ml	Rotwein
1	EL	Öl
1	TL	Stärke

➤ Steaks von Fett und Sehnen befreien, gleichmäßig flachklopfen und an den Rändern mehrmals einschneiden, damit sie sich beim Braten nicht wellen.

1 Knoblauch, Zwiebel, Oregano, Kreuzkümmel, Chili, Zucker, Tomatenmark, Brühwürfel, Wasser und Wein gut mischen. Das Fleisch in eine große, flache Form legen, die Marinade darübergießen; mit Klarsichtfolie abgedeckt 2 Stunden (oder über Nacht) ziehen lassen, gelegentlich wenden. Fleisch abtropfen lassen und die Marinade auffangen.

2 Öl in einer Pfanne stark erhitzen. Steaks darin von jeder Seite 2 Minuten scharf anbraten (so daß sich die Poren verschließen), dabei einmal wenden. Sollen die Steaks innen blutig sein, 1 weitere Minute von jeder Seite braten. Sonst die Hitze reduzieren und bei mittlerer Temperatur 2–3 Minuten (medium) bzw. 4–6 Minuten (durch) pro Seite weiterbraten. Auf Küchenpapier abtropfen lassen und warm stellen.

3 Die Marinade in einen kleinen Topf geben. Stärke mit etwas kaltem Wasser vermischen und bei mittlerer Hitze in die Marinade einrühren. 5 Minuten kochen, bis die Sauce eindickt. Zu den Steaks servieren.

TIP
Das Gericht immer frisch zubereiten.

1

2

3

Schnelles Zwiebelsteak in Sataysauce

Vorbereitungszeit: 5 Min.
Zubereitungszeit: 6–16 Min.
Für 4 Personen

4		**Steaks aus der Hochrippe oder Lendensteaks ohne Knochen, ca. 150 g/Stck.**
1	EL	**Öl**
15	g	**Butter**
2		**mittelgroße Zwiebeln, geachtelt**
3	EL	**Sataysauce aus der Flasche**
3	EL	**Naturjoghurt**
2	TL	**frischer Koriander, gehackt**
1	EL	**frische Minze, gehackt**

➤ Überflüssiges Fett und Sehnen von den Steaks entfernen.

1 Öl und Butter in der Pfanne erhitzen und die Steaks bei starker Hitze von jeder Seite 2 Minuten scharf anbraten (so daß sich die Poren verschließen), dabei einmal wenden. Soll das Fleisch innen noch blutig sein, auf jeder Seite 1 weitere Minute braten. Bevorzugt man die Steaks „medium" oder „durchgebraten", die Hitze reduzieren und bei mittlerer Temperatur 2–3 Minuten (medium) bzw. 4–6 Minuten (durch) pro Seite weiterbraten. Aus der Pfanne nehmen und warm stellen.

2 Dann die Zwiebeln bei mittlerer Hitze anbraten, bis sie weich sind. Auf die Steaks geben, erneut warm stellen.

3 Sataysauce zugießen und zum Kochen bringen. Temperatur reduzieren. Joghurt, Koriander und Minze einrühren. Auf kleiner Flamme erhitzen, nicht kochen. Zusammen mit den Zwiebelsteaks servieren.

TIP

Das Gericht immer frisch zubereiten.
Die Sauce paßt auch gut zu im Wok gebratenen Schweine- oder Rindfleischstreifen.
Niemals Joghurt zum Kochen bringen. Er würde gerinnen und dadurch das Aussehen und den Geschmack des Gerichts beeinträchtigen.

1

2

3

Knuspriges Polentaschnitzel mit Ratatouille

Vorbereitungszeit: 30 Min.
Zubereitungszeit: 1 Std.
Für 4 Personen

4		dünne Steaks aus der Unterschale, ca. 150 g/Stck.
1/3	Tse.	geriebener Parmesankäse
3	EL	Mehl
1		Ei, leicht verschlagen
1 1/2	Tse.	Maisgrieß (Polenta)
2	EL	Öl
30	g	Butter

Ratatouille

2	EL	Öl
1		mittelgroße Zwiebel, in Scheiben geschnitten
2		Knoblauchzehen, zerdrückt
1		mittelgroße Aubergine, in 3 cm großen Würfeln
2		mittelgroße Zucchini, in 1,5 cm dicke Scheiben geschnitten
1		mittelgroßer grüner Paprika, entkernt und feingeschnitten
1	Dse.	(440 g) Tomaten im eigenen Saft, zerdrückt
250	ml	Wasser
1	EL	Tomatenmark
1	EL	frisches Basilikum, gehackt
1	EL	frische Petersilie, gehackt

➤ Fleisch von Fett und Sehnen befreien und gleichmäßig flachklopfen.

1 Jeweils eine Hälfte der Steaks mit Parmesankäse bestreichen und die andere Hälfte darüberklappen. Die Fleischkanten durch Zusammenklopfen verschließen.

2 Das Mehl auf ein Pergamentpapier geben, Steaks darin wenden, überschüssiges Mehl abschütteln. In Ei tunken und in der Polenta wenden; dabei fest andrücken.

3 Öl und Butter in einer gußeisernen Pfanne erhitzen, Steaks zugeben und bei mittlerer Hitze von jeder Seite 2–3 Minuten anbraten, dabei einmal wenden. Auf Küchenkrepp abtropfen lassen.

4 **Ratatouille-Zubereitung:** Öl in einem Topf erhitzen, die Zwiebel darin bei mittlerer Hitze 2 Minuten braten, bis sie weich ist. Knoblauch, Aubergine, Zucchini und Paprika zugeben; 3 weitere Minuten braten. Dann mit Tomaten, Wasser und Tomatenmark zum Kochen bringen. Temperatur reduzieren und zugedeckt 45 Minuten garen, bis das Gemüse weich ist. Dabei immer wieder umrühren. Basilikum und Petersilie einrühren, servieren.

1

2

3

4

TIP

Das Fleisch frisch zubereiten. Das Ratatouille kann bis zu 4 Tagen im voraus gekocht und mit Klarsichtfolie versehen im Kühlschrank aufbewahrt werden.
Um zu verhindern, daß das Gemüse austrocknet oder am Boden ansetzt, kann etwas Wasser zugegossen werden. Ratatouille schmeckt heiß oder kalt.

Champignon-Rumpsteaks

Vorbereitungszeit: 10 Min.
Zubereitungszeit: 6–16 Min.
Für 4 Personen

4		**Rumpsteaks, ca. 300 g/Stck.**
60	ml	**Olivenöl**
350	g	**frische Champignons, in Scheiben geschnitten**
2	EL	**süßer Weißwein**
125	ml	**Hühnerbrühe**
125	ml	**Sahne**
1	TL	**getrocknete Basilikumblätter**
1		**Knoblauchzehe, zerdrückt**

➤ Fett und Sehnen vom Fleisch lösen.

1 2 EL Öl in einer Pfanne stark erhitzen. Steaks von jeder Seite 2 Minuten scharf anbraten (damit sich die Poren verschließen), dabei einmal wenden. Sollen die Steaks innen noch blutig sein, von jeder Seite 1 weitere Minute braten. Anderenfalls die Hitze verringern und bei mittlerer Temperatur 2–3 Minuten (medium) bzw. 4–6 Minuten (durch) je Seite weiterbraten. Aus der Pfanne nehmen, auf Küchenkrepp abtropfen lassen und warm stellen.

2 Restliches Öl erhitzen, Champignons in die Pfanne geben, bei mittlerer Hitze 5 Minuten bräunen. Wein, Brühe, Sahne und Basilikum zugeben.

3 Mischung aufkochen, ohne Deckel 2 Minuten unter ständigem Rühren weiterkochen, bis die Sauce eindickt. Knoblauch beimischen, vom Herd nehmen. Sauce über die Steaks geben.

TIP

Das Gericht immer frisch zubereiten.

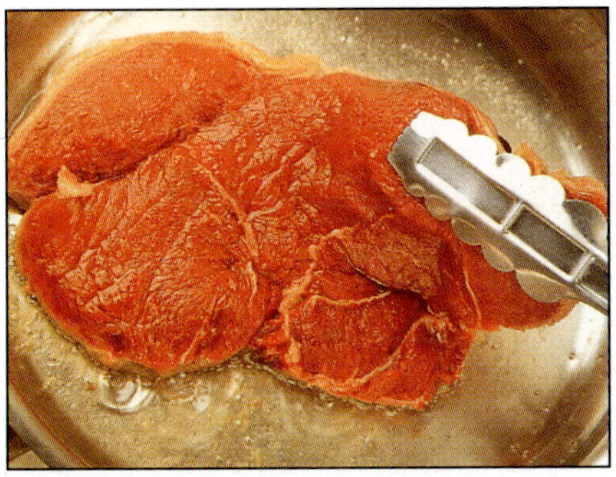
1

2

3

Kalbssteaks in Zitronenrahm

Vorbereitungszeit: 10 Min.
Marinierzeit: 1 Std.
Zubereitungszeit: 10 Min.
Für 4 Personen

4		Kalbssteaks, ca. 130 g/Stck.
1	TL	feingeriebene Zitronenschale
60	ml	Zitronensaft
1	EL	Olivenöl
1	TL	gemahlener schwarzer Pfeffer
30	g	Butter
2	EL	Olivenöl, zusätzlich
125	ml	Sahne
2	EL	frische Petersilie, gehackt
1	EL	frischer Schnittlauch, gehackt

➤ Fleisch von Fett und Sehnen befreien, flachklopfen und am Rand mehrmals einschneiden, damit es sich beim Braten nicht wellt.

1 Zitronenschale, Zitronensaft, Olivenöl und Pfeffer verrühren, Steaks darin wenden und mit Klarsichtfolie abgedeckt 1 Stunde (oder über Nacht) marinieren, dabei gelegentlich umdrehen. Fleisch abtropfen lassen, Marinade auffangen.

2 Die Butter und das restliche Öl in der Pfanne erhitzen, Steaks bei starker Hitze von jeder Seite 2–3 Minuten scharf anbraten, dabei einmal wenden. Zum Abtropfen auf Küchenkrepp legen und warm stellen.

3 Restliche Marinade mit Sahne, Petersilie und Schnittlauch aufkochen, dann Hitze reduzieren und weitere 2 Minuten ohne Abdeckung weiterkochen. Die Sauce über die Kalbssteaks geben.

TIP

Das Gericht immer frisch zubereiten. Kalbfleisch trocknet schnell aus. Deshalb die Bratzeit nicht überschreiten!

1

2

3

Kalbssteaks in Marsala

Vorbereitungszeit: 10 Min.
Zubereitungszeit: 6 Min.
Für 4 Personen

4		**Kalbssteaks, ca. 185 g/Stck.**
2	EL	**Mehl**
2	EL	**Öl**
80	ml	**Marsala**
80	ml	**Hühnerbrühe**
1	EL	**Sojasauce**
2	TL	**eingemachte Pflaumen**
1		**Frühlingszwiebel, feingeschnitten**

➤ Fett und Sehnen vom Fleisch lösen, flachklopfen und am Rand einschneiden, damit es sich beim Braten nicht wellt.

1 Das Mehl auf Pergamentpapier streuen, Kalbfleisch darin wenden, überschüssiges Mehl abschütteln.

2 Das Öl in einer gußeisernen Pfanne erhitzen. Steaks bei mittlerer Hitze von jeder Seite 2–3 Minuten braten, einmal wenden. Auf Küchenkrepp abtropfen lassen und abgedeckt warm stellen.

3 Marsala und Brühe in der Pfanne aufkochen, dann Hitze reduzieren und ca. 1 Minute ohne Deckel unter ständigem Rühren weiterkochen. Sojasauce und Pflaumen einrühren, dann die Kalbssteaks zurück in die Pfanne geben und ca. 1 Minute erhitzen. Mit Frühlingszwiebeln garniert sofort servieren.

TIP
Andere Obstsorten ergeben saure oder süßere Varianten.
Marsala ist ein süßes weinhaltiges Getränk. Es kann durch süßen Sherry ersetzt werden. Marsala-Sauce paßt auch gut zu gebratenem Schweinefleisch.

1

2

3
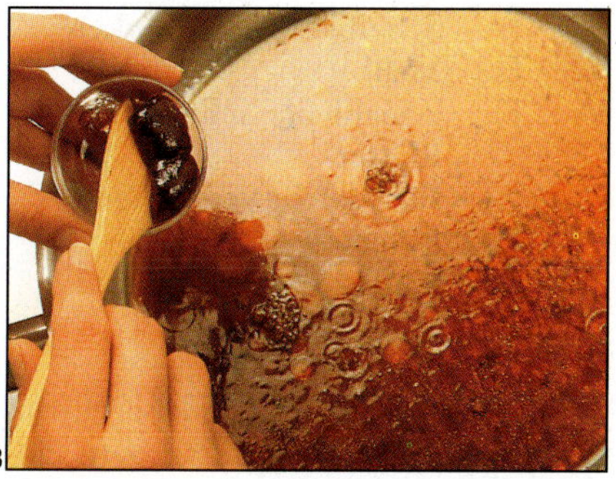

1

2

3

4

Kalbskoteletts

Vorbereitungszeit: 20 Min.
Kühlzeit: 1 Std.
Zubereitungszeit: 12 Min.
Für 6 Personen

12		Kalbskoteletts, ca. 180 g/Stck.
6		dünne Scheiben Gruyère
3		Scheiben Kochschinken
1/4	Tse.	Mehl
1/4	TL	gemahlener schwarzer Pfeffer
2		Eier, leicht verschlagen
2	EL	Milch
1 1/2	Tse.	(ca. 135 g) Paniermehl
60	ml	Öl

➤ Fett und Sehnen vom Fleisch lösen, flachklopfen und an den Rändern einschneiden, damit es sich beim Braten nicht wellt.

1 Die Käsescheiben ein wenig kleiner als die Koteletts schneiden (die Knochen nicht mitgerechnet), so daß ein Rand von 1 cm bleibt. Den Kochschinken auf die Kotelettmaße zuschneiden.

2 Mehl und Pfeffer auf Pergamentpapier mischen, die Koteletts darin wenden, überschüssiges Mehl abschütteln. Jedes Kotelett mit einer Scheibe Käse und dann einer Scheibe Kochschinken belegen. Mit gewürztem Mehl bestäuben.

3 Eier und Milch leicht verrühren. Paniermehl auf Pergamentpapier geben und jedes Kotelett von beiden Seiten in die Eiermasse tunken, dann ins Paniermehl drücken. Überschüssiges Paniermehl abschütteln. Fertigpanierte Koteletts auf ein mit Alufolie ausgelegtes Tablett legen und abgedeckt mindestens 1 Stunde (oder über Nacht) im Kühlschrank ruhen lassen.

4 Das Öl in einer gußeisernen Pfanne erhitzen, Koteletts bei mittlerer Hitze von jeder Seite 2–3 Minuten braten (einmal wenden), bis das Fleisch zart ist. Zum Abtropfen auf Küchenkrepp legen.

TIP

Die Koteletts immer frisch braten.

Die Kühlzeit nach dem Panieren ist wichtig, da sich dadurch die Paniermasse festigt. Übergeht man diesen Schritt kann sie beim Braten abfallen und am Pfannenboden festkleben.

Lammleber mit Speck

Vorbereitungszeit: 10 Min.
Zubereitungszeit: 30 Min.
Für 6 Personen

1		**Lammleber, ca. 750 g**
1/4	**Tse.**	**Stärke**
1/4	**TL**	**gemahlener schwarzer Pfeffer**
6		**Speckstreifen**
2	**EL**	**Öl**
2		**mittelgroße Zwiebeln, in feine Scheiben geschnitten**
1		**Würfel Rinderbouillon, zerdrückt**
250 ml		**kochendes Wasser**

➤ Die Leber waschen und in gleichmäßig dünne Streifen schneiden, Venen oder verfärbte Stellen herausschneiden. Mit Küchenkrepp abtupfen.

1 Stärke und Pfeffer auf Pergamentpapier mischen, Leberstreifen darin wälzen, überschüssige Stärke abklopfen.

2 Den Speck in große Stücke schneiden, in einer gußeisernen Pfanne knusprig braten, auf Küchenkrepp abtropfen lassen. Das Öl in die Pfanne geben, die Zwiebeln darin goldgelb braten, bis sie weich sind, und mit einem Schaumlöffel aus der Pfanne nehmen.

3 Die Leber in kleinen Portionen bei mittlerer Hitze auf allen Seiten schnell anbraten, auf Küchenkrepp abtropfen lassen. Mit Speck und Zwiebeln zurück in die Pfanne geben. Den Brühwürfel im kochenden Wasser auflösen und langsam zugießen. Unter Rühren bei mittlerer Hitze 10 Minuten kochen, bis die Sauce andickt. Servieren.

TIP

Erst kurz vor dem Servieren zubereiten. Legen Sie die Leber vor dem Braten 30 Minuten in Milch ein, wenn Sie ihren Geschmack als zu streng empfinden.

1
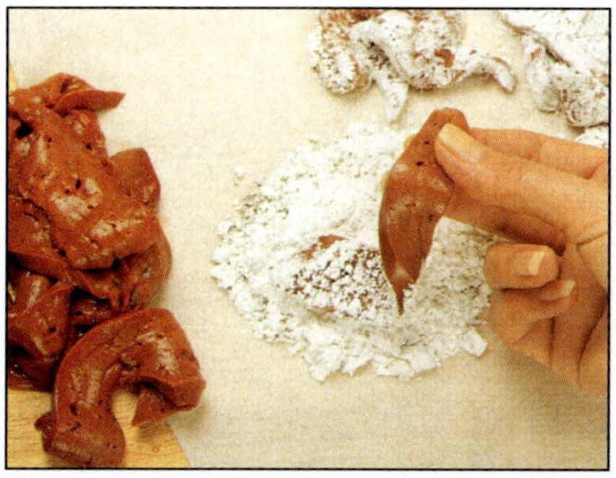

2

3

Lammschnitzel mit Kräuter-Zitronenbutter

Vorbereitungszeit: 10 Min.
Zubereitungszeit: 4–6 Min.
Für 4 Personen

4		Lammschnitzel aus der Schulter oder 4 Lammkoteletts, ca. 100 g/Stck.
1	EL	Chiliöl

Kräuter-Zitronenbutter

120 g		Butter
2	TL	feingeriebene Zitronenschale
1	EL	frischer Thymian, gehackt
1	EL	frische Petersilie, gehackt
1	EL	frischer Schnittlauch, gehackt

➤ Fett und Sehnen vom Fleisch lösen.
1 Anschließend das Fleisch gleichmäßig flachklopfen und an den Rändern einschneiden, damit es sich beim Braten nicht wellt.
2 Öl in einer gußeisernen Pfanne erhitzen. Soll das Fleisch innen noch blutig sein, von jeder Seite 2 Minuten scharf anbraten, dabei einmal wenden. Weitere 30 Sekunden von jeder Seite braten, wenn es „medium" und 1 weitere Minute pro Seite, wenn es durchgebraten sein soll. Mit Kräuter-Zitronenbutter garniert servieren.
3 **Kräuter-Zitronenbutter:** Alle Zutaten in eine Küchenmaschine oder einen Mixer geben, 30 Sekunden schlagen, bis sie vermischt sind. Auf Alufolie geben, zu einer länglichen Rolle formen, einwickeln und solange kühlen, bis die Butter fest ist. Dann in 1 cm dicke Scheiben schneiden.

TIP
Das Fleisch erst kurz vor dem Servieren braten. Butter 1 Tag zuvor zubereiten und im Kühlschrank aufbewahren.

Um später einmal eine schnelle Mahlzeit zu haben, kann man die doppelte Menge an Kräuter-Zitronenbutter zubereiten. Der nicht benötigte Teil hält sich im Gefrierfach bis zu 3 Wochen. Vor dem Servieren im Kühlschrank auftauen!
Dünnes Fleisch sollte immer an den Enden eingeschnitten werden, damit es sich während des Bratens nicht verformt.

1

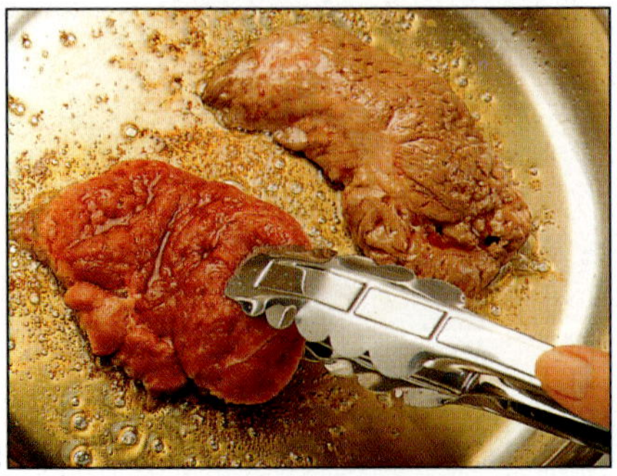
2

3

Knuspriges Lamm in Knoblauchsauce

Vorbereitungszeit: 20 Min.
Kühlzeit: 4 Std.
Zubereitungszeit: 10 Min.
Für 6 Personen

6		**Schmetterlings-Steaks vom Lamm, ca. 200 g/Stck. oder 12 Lammkoteletts**
1/3	Tse.	**Mehl**
1/2	TL	**gemahlener schwarzer Pfeffer**
2		**Eier, leicht verschlagen**
1/2	Tse.	**(ca. 45 g) Paniermehl**
2	EL	**Koriandersamen, zerdrückt**
80	ml	**Olivenöl**

Knoblauchsauce

6		**Knoblauchzehen, zerdrückt**
2		**Eigelb, leicht verschlagen**
160	ml	**Olivenöl**
1	EL	**Zitronensaft**

➤ Fett und Sehnen vom Fleisch entfernen. Mehl und Pfeffer auf Pergamentpapier mischen, das Fleisch darin wenden, überschüssiges Mehl abschütteln.

1 Das Fleisch erst in Ei wenden und dann in dem mit Koriander vermengten Paniermehl. Dabei fest andrücken, überschüssiges Paniermehl abschütteln. Die Fleischstücke auf ein mit Alufolie ausgelegtes Blech legen, mit Klarsichtfolie abdecken und 4 Stunden (oder über Nacht) im Kühlschrank ruhen lassen.

2 Das Öl in einer gußeisernen Pfanne erhitzen und das Fleisch bei mittlerer Hitze von jeder Seite 2–3 Minuten braten (einmal wenden), bis es zart ist. Aus der Pfanne nehmen und auf Küchenkrepp abtropfen lassen. Mit Knoblauchsauce servieren.

3 **Für die Knoblauchsauce:** Knoblauch und Eigelb in den Mixer geben und zu einer glatten Masse verarbeiten. Dann bei eingeschaltetem Gerät nach und nach das Öl tröpfchenweise zugeben, weitermixen bis die Konsistenz von Mayonnaise erreicht ist. Den Zitronensaft einrühren.

TIP

Fleisch immer frisch zubereiten, ebenso die Knoblauchsauce. Wenn sie länger steht, setzt sich das Öl ab.

Die Koriandersamen zum Zerkleinern in eine Papiertüte geben und mit einer Holzrolle zerdrücken.

1

2

3

Lammkoteletts in Johannisbeer-Orangengelee

Vorbereitungszeit: 15 Min.
Zubereitungszeit: 15 Min.
Für 4 Personen

12		**Lammkoteletts**
2	EL	**Öl**
2		**Knoblauchzehen, zerdrückt**

Johannisbeer-Orangengelee

1	EL	**Orangenschale, in feine Streifen geschnitten**
1	EL	**frischer Ingwer, feingeraspelt**
125	ml	**Portwein**
125	ml	**Orangensaft**
125	ml	**rotes Johannisbeergelee**
2		**Frühlingszwiebeln, feingewürfelt**

➤ Fett und Sehnen vom Fleisch lösen.
1 Öl mit Knoblauch in der Pfanne erhitzen, Koteletts bei hoher Hitze von jeder Seite 2 Minuten braten, dabei einmal wenden. Sie sind dann innen noch blutig.
2 Sollen sie „medium" sein, weitere 30 Sekunden von jeder Seite bei mittlerer Hitze braten und jeweils 1 Minute zusätzlich für „durchgebraten". Aus der Pfanne nehmen und mit Johannisbeer-Orangengelee überzogen servieren.
3 **Für das Gelee:** Orangenschale und Ingwer eine Minute lang in kochendem Wasser blanchieren, abtropfen lassen. Dann zusammen mit Portwein, Orangensaft, rotem Johannisbeergelee und Frühlingszwiebeln in einem kleinen Topf zum Kochen bringen. Auf kleiner Flamme ohne Abdeckung 5 Minuten weiterkochen, bis ein Drittel der Flüssigkeit verdampft ist.

TIP

Das Gericht immer frisch zubereiten.
Mit einem Spargelschäler läßt sich die Orangenschale am besten entfernen. Von oben nach unten schälen, darauf achten, daß die bittere weiße Haut nicht an der Schale haftet, da sie den Geschmack des Gerichts verdirbt.

1
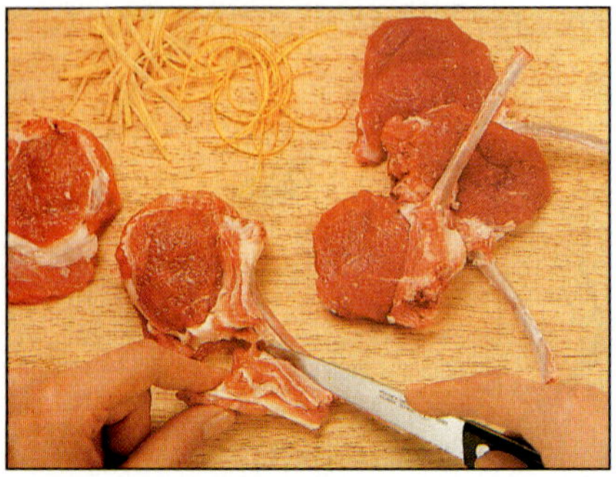

2

3

Steaks vom Schwein in körniger Senfsauce

Vorbereitungszeit: 15 Min.
Zubereitungszeit: 12 Min.
Für 6 Personen

6		Schmetterlingssteaks vom Schwein, ca. 200 g/Stck. oder 6 Schweinenüßchen
3	EL	Mehl
$^1/_2$	TL	gemahlener schwarzer Pfeffer
60	ml	Öl
1		mittelgroße Zwiebel, feingewürfelt
200	ml	Orangensaft
1		Hühnerbrühwürfel, zerdrückt
1	TL	Sojasauce
2	TL	Senfkörner
1	TL	Stärke
$^1/_3$	Tse.	Sauerrahm

➤ Fleisch von Fett und Sehnen befreien.
1 Mehl und Pfeffer auf Pergamentpapier mischen, Fleisch darin wenden, überschüssiges Mehl abschütteln.
2 2 EL Öl in einer gußeisernen Pfanne erhitzen, Steaks darin bei mittlerer Hitze auf jeder Seite 2–3 Minuten braten (einmal wenden), bis das Fleisch zart ist. Anschließend auf Küchenkrepp abtropfen lassen.
3 Zwiebeln im restlichen Öl bei mittlerer Temperatur braten, bis sie weich sind. Die Hälfte des Safts, Brühwürfel, Sojasauce und Senfkörner zugeben und verrühren. Die Stärke mit dem restlichen Saft glattrühren, in die Sauce geben und auf kleiner Flamme kochen, bis diese andickt. Vom Herd nehmen, ein wenig abkühlen lassen. Den Sauerrahm einrühren, das Fleisch zugeben und erhitzen.

TIP
Das Gericht immer frisch zubereiten.

1

2

3

Geschmortes

Rindercurry mit Kartoffeln

Vorbereitungszeit: 15 Min.
Zubereitungszeit: 1 1/2 Std.
Für 4 Personen

1	kg	**Rindfleisch vom Zungenstück**
2	EL	**Öl**
200	ml	**Kokosmilch**
125	ml	**Wasser**
1	EL	**Tamarindenkonzentrat**
500	g	**junge Kartoffeln, halbiert**

Gewürzpaste

2		**mittelgroße Zwiebeln, gehackt**
2		**Knoblauchzehen, gehackt**
2	TL	**geriebene Zitronenschale**
2		**kleine rote Chilischoten, gehackt**
2	TL	**gemahlener Koriander**
2	TL	**gemahlener Kreuzkümmel**
1	TL	**Kurkuma**
1/2	TL	**gemahlener Kardamom**
1	TL	**Garam masala**

➤ Fleisch von Fett und Sehnen befreien.
1 Anschließend in 3 cm große Würfel schneiden. Das Öl in einer gußeisernen Pfanne erhitzen und die Fleischwürfel in kleinen Portionen bei mittlerer Hitze kurz anbraten, bis sie rundum gebräunt sind. Aus der Pfanne nehmen und auf Küchenkrepp abtropfen lassen.
2 Die Gewürzpaste bei mittlerer Hitze 2 Minuten anbraten. Das Fleisch wieder zurück in die Pfanne geben, Kokosmilch, Wasser und Tamarindenkonzentrat zugießen und aufkochen. Hitze reduzieren und zugedeckt 30 Minuten unter gelegentlichem Rühren weiterkochen.
3 Die Kartoffeln zugeben und weitere 30 Minuten zugedeckt garen. Deckel abnehmen und nochmals 30 Minuten kochen, bis das Fleisch gar und die Flüssigkeit fast verdampft ist.

Zubereitung der Gewürzpaste:
Alle Zutaten in einer Küchenmaschine oder einem Mixer ca. 1 Minute vermahlen, bis eine glatte Paste entstanden ist.

TIP
Wenn das Currygericht einen Tag zuvor gekocht wird, kann sich sein Aroma voll entfalten. Es bietet sich daher an, es auf Vorrat zuzubereiten. Bewahren Sie es anschließend zugedeckt im Kühlschrank auf. Vor dem Servieren muß man es lediglich wieder aufwärmen. Man kann das Curry auch bis zu 1 Monat einfrieren.
Variationsmöglichkeit: Dieses Rezept ist ein mildes Currygericht. Wenn Sie es schärfer mögen, verwenden Sie entsprechend mehr Chilischoten.
Rindfleisch aus dem Zungenstück (Fehlrippe) eignet sich besonders gut zum Schmoren. Das Fleisch wird zart und entfaltet seinen vollen Geschmack. Tamarindenkonzentrat hat einen besonderen, sauren Geschmack. Als Ersatz kann Zitronensaft verwendet werden.

1

2

3

Corned Beef mit Zwiebelsauce und Meerrettichsahne

Vorbereitungszeit: 5 Min.
Zubereitungszeit: 1 1/2 Std.
Für 6–8 Personen

1,5	kg	Rindfleisch, Unterschale
1	EL	Öl
1	EL	Weißweinessig
1	EL	weicher brauner Zucker
4		Nelken
4		schwarze Pfefferkörner
2		Lorbeerblätter
1		Knoblauchzehe, zerdrückt
1		großer Zweig frische Petersilie
4		mittelgroße Möhren
4		mittelgroße Kartoffeln (800 g)
6		kleine Zwiebeln
Zwiebelsauce		
30	g	Butter
2		mittelgroße Zwiebeln, gehackt
2	EL	Mehl
330	ml	Milch
Meerrettichsahne		
3	EL	Meerrettich
1	EL	Weißweinessig
frisch gemahlener schwarzer Pfeffer, nach Geschmack		
125	ml	Sahne, geschlagen

➤ Überflüssiges Fett und Sehnen vom Fleisch entfernen.

1 Das Öl in einem tiefen, gußeisernen Topf erhitzen. Das Fleisch hineingeben und bei mittlerer Hitze von allen Seiten anbraten, bis es rundum gut gebräunt ist. Vom Herd nehmen und Essig, Zucker, Nelken, Pfefferkörner, Lorbeerblätter, Knoblauch und Petersilie zugeben.

2 Genügend Wasser aufgießen, so daß die Zutaten bedeckt sind. Zugedeckt langsam wieder zum Kochen bringen und 30 Minuten auf kleiner Flamme dünsten. Möhren und Kartoffeln in große Stücke schneiden, mit den Zwiebeln in den Topf geben und zugedeckt 1 weitere Stunde garen. Gemüse und Fleisch mit dem Schaumlöffel herausnehmen und warm stellen. Die Brühe abgießen, 125 ml für die Zwiebelsauce auffangen. Das Fleisch in Scheiben schneiden und mit Zwiebelsauce und Meerrettichsahne servieren.

3 **Für die Zwiebelsauce:** Die Butter in einem kleinen Topf erhitzen, Zwiebeln zugeben und langsam 10 Minuten leicht anbraten, bis sie weich sind – nicht braun werden lassen. Anschließend in eine Schüssel füllen. Das Mehl zur Butter in die Pfanne geben und bei geringer Hitze 2 Minuten einrühren, bis es sich goldbraun färbt. Nach und nach die Milch und die Brühe zugießen, unter Rühren aufkochen, bis die Sauce eindickt. Eine weitere Minute kochen. Vom Herd nehmen, die gebratenen Zwiebeln untermischen. Nach Geschmack würzen.

4 **Für die Meerrettichsahne:** Alle Zutaten glattrühren.

TIP

Fleischreste halten sich zugedeckt 2 Tage im Kühlschrank. Kein Fleisch mit Saucenresten aufbewahren.

1

2

3

4

Ochsenschwanz geschmort

Vorbereitungszeit: 15 Min.
Zubereitungszeit: 2 Std.
Für 6 Personen

60	ml	**Öl**
16		**kleine Ochsenschwanzstücke, ca. 1,5 kg**
4		**kleine Kartoffeln, halbiert**
1		**große Zwiebel, gehackt**
2		**mittelgroße Möhren, in Scheiben geschnitten**
250	g	**kleine Champignons**
2	EL	**Mehl**
750	ml	**Rinderbrühe**
1	TL	**getrocknete Majoranblätter**
2	EL	**Worcestersauce**

➤ Backofen auf 180 °C vorheizen. 2 EL Öl in einer gußeisernen Pfanne erhitzen.

1 Das Fleisch in kleinen Portionen bei mittlerer Hitze kurz anbraten, bis es rundum braun ist, und mit den Kartoffeln in einen tiefen Schmortopf füllen.

2 Das restliche Öl in der Pfanne erhitzen. Zwiebeln und Möhren zugeben, bei mittlerer Hitze 5 Minuten unter Rühren dünsten. Ebenfalls in den Schmortopf geben. Nun die Pilze wie das Gemüse 5 Minuten dünsten, dann das Mehl einrühren. Die Hitze reduzieren und noch 2 weitere Minuten unter Rühren garen.

3 Nach und nach Brühe zugießen, aufkochen, bis die Flüssigkeit eindickt. Dabei weiter rühren. Majoran und Worcestersauce zugeben. Die Mischung in den Schmortopf gießen und im Ofen zugedeckt $1^{1}/_{2}$ Stunden schmoren. Den Deckel entfernen, umrühren und weitere 30 Minuten im Ofen schmoren.

TIP

Gut einen Monat tiefgefroren haltbar. Die gallertartigen Sehnen entlang des Ochsenschwanzes werden beim Kochen weicher und halten das Fleisch saftig.

1 

2 

3 

Rindergulasch mit Kümmelklößen

Vorbereitungszeit: 1 Std.
Zubereitungszeit: 1 1/4 Std.
Für 6 Personen

1,5	kg	**Rindersteak aus Schulter oder Oberschale**
1/2	Tse.	**Mehl**
1/4	TL	**gemahlener schwarzer Pfeffer**
80	ml	**Olivenöl**
1		**Knoblauchzehe, zerdrückt**
2		**mittelgroße Zwiebeln, in Streifen geschnitten**
1	TL	**gemahlener Paprika, edelsüß**
1/2	TL	**gemahlener Zimt**
80	ml	**Rotwein**
125	ml	**Rinderbrühe**
1/2	TL	**getrocknete Kräutermischung**
160	ml	**Tomatensauce mit Stücken**
3		**große rote Paprika**

Kümmelklöße

1 1/2	Tse.	**Mehl, vermischt mit 1/2 Päckchen Backpulver**
65	g	**Butter**
125	ml	**Milch**
1	TL	**Kümmelsamen**
1	EL	**Milch, zusätzlich**

➤ Backofen auf 180 °C vorheizen.

1 Fleisch von Fett und Sehnen befreien. In 3 cm große Stücke schneiden. Mehl und Pfeffer auf Pergamentpapier mischen, das Fleisch darin wenden, überschüssiges Mehl abschütteln.

2 2 EL Öl in einer gußeisernen Pfanne erhitzen. Das Fleisch rasch portionsweise bei mittlerer Hitze goldbraun anbraten; auf Küchenkrepp abtropfen lassen.

3 Das restliche Öl erhitzen, Knoblauch und Zwiebeln bei mittlerer Hitze 2 Minuten braten, bis sie weich sind.

4 Das Fleisch mit Gewürzen, Wein, Brühe, Kräutermischung und Tomatensauce zurück in die Pfanne geben, aufkochen. Danach in einen tiefen Bräter umfüllen. Zugedeckt ca. 45 Minuten im Ofen schmoren. Herausnehmen und den Deckel entfernen. Die Temperatur auf 240 °C hochschalten.

5 Die Paprika der Länge nach halbieren, Samen entfernen. Mit der Außenseite nach oben auf ein kaltes, eingeöltes Ofenblech legen. 10 Minuten im heißen Backofen grillen, bis die Haut Blasen wirft. Aus dem Ofen nehmen und abkühlen lassen. Vorsichtig enthäuten und dann in 2 cm große Streifen schneiden. Über dem Fleisch verteilen.

6 **Für die Kümmelklöße:** Mehl und Butter in der Küchenmaschine 10 Sekunden zu einer feinkrümeligen Mischung verarbeiten. Die gesamte Milch zugeben, erneut 10 Sekunden verrühren, bis ein weicher Teig entstanden ist. Diesen auf einer leicht bemehlten Arbeitsfläche 1 Minute mit dem Kümmel verkneten, bis der Teig geschmeidig ist. Auf 1 cm Dicke ausrollen; mit einem gewellten Förmchen 4 cm große, runde Klöße ausstechen. Auf das Fleisch legen, mit Milch bepinseln, zurück in den Backofen stellen und ohne Abdeckung 15 Minuten backen, bis die Klöße aufgegangen und goldbraun sind.

TIP

Gulasch kann ohne Klöße einen Tag zuvor gekocht und bis zu einem Monat tiefgefroren werden.

Kümmel kann nach Wunsch auch durch andere getrocknete oder frische Kräuter und Gewürze ersetzt werden.

Anstelle von Klößen können Sie das Gulasch im 4. Arbeitsvorgang mit dicken Kartoffelscheiben kombinieren. Eine weitere Alternative ist es, die Kartoffeln in dünne Scheiben zu schneiden und in einer Schicht über das Gulasch zu legen. Dann mit Butterflöckchen versehen goldbraun backen.

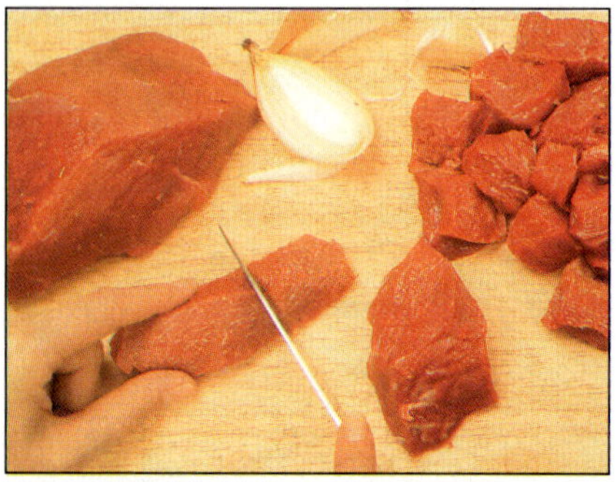
1

2

3

4

5

6

Provenzalischer Rollbraten

Vorbereitungszeit: 15 Min.
Zubereitungszeit: $2^1/_4$ Std.
Für 6 Personen

2	kg	**Rinderrollbraten aus dem Bruststück**
2	EL	**Öl**
750	ml	**Rinderbrühe**
250	ml	**Rotwein**
60	ml	**Brandy**
2		**mittelgroße Zwiebeln, geviertelt**
3		**Knoblauchzehen, zerdrückt**
3		**mittelgroße Tomaten, geschält, entkernt, gewürfelt**
2		**Lorbeerblätter**
$^1/_4$	Tse.	**frische Petersilie, gehackt**
2	EL	**frische Thymianblätter**
12		**schwarze Oliven, entsteint**
6		**kleine Möhren, in dicke Scheiben geschnitten**
2	EL	**Mehl**
3	EL	**Wasser**

➤ Fett und Sehnen vom Fleisch entfernen.

1 Öl in einem tiefen, gußeisernen Bräter erhitzen. Das Fleisch rundum anbraten, bis es knusprig braun ist. Vom Herd nehmen, Hitze reduzieren.

2 Brühe, Wein, Brandy, Zwiebel, Knoblauch, Tomaten, Lorbeerblätter, Petersilie und Thymian hineingeben, zurück auf den Herd stellen und zugedeckt langsam zum Kochen bringen. $1^1/_2$ Stunden weiterköcheln.

3 Oliven und Möhren zugeben, weitere 30 Minuten köcheln. Das Fleisch herausnehmen und vor dem Schneiden in Alufolie gewickelt 10 Minuten warm stellen. Mehl und Wasser mischen und bei mittlerer Hitze in die Sauce einrühren, bis sie eindickt. Weitere 3 Minuten kochen. Vor dem Servieren über die Fleischscheiben gießen.

TIP

Das Gericht einen Tag im voraus zubereiten. Fleischreste halten sich abgedeckt 2 Tage im Kühlschrank.

Zäheres Fleisch wie Rinderbrust kann durch Schmoren zart und saftig werden. Die freigesetzten Fleischsäfte sind sehr geschmackvoll und verfeinern die Sauce.

1

2

3

Zwiebelschmorbraten in Rotwein

Vorbereitungszeit: 10 Min.
Zubereitungszeit: 2 Std.
Für 6 Personen

1	kg	**Rindfleisch aus dem Zungenstück**
$^1/_4$	Tse.	**Mehl**
$^1/_4$	TL	**gemahlener schwarzer Pfeffer**
1	EL	**Öl**
15	g	**Butter**
12		**Schalotten**
250	ml	**Rinderbrühe**
250	ml	**Rotwein**
2	EL	**Tomatenmark**
1	EL	**Französischer Senf**
1		**Lorbeerblatt**
$^1/_4$	TL	**getrocknete Kräutermischung**

➤ Fleisch von Fett und Sehnen befreien.

1 In 3 cm große Stücke schneiden. Mehl und Pfeffer auf Pergamentpapier mischen, Fleischwürfel darin wenden, überschüssiges Mehl abschütteln.

2 Öl und Butter in einem gußeisernen Bräter erhitzen. Das Fleisch in kleinen Portionen bei mittlerer Hitze kurz anbraten, bis es knusprig braun ist. Auf Küchenkrepp abtropfen lassen.

3 Zwiebeln zugeben und bei mittlerer Hitze goldbraun braten. Das Fleisch wieder in den Bräter legen, Brühe, Wein, Tomatenmark, Senf und Kräuter einrühren, aufkochen, Hitze reduzieren und zugedeckt $1^1/_2$ Stunden weiterköcheln, bis das Fleisch weich ist. Gelegentlich umrühren.

TIP

Kann einen Tag zuvor gekocht werden.

1

2

3

Provenzalischer Rollbraten (oben)
Zwiebelschmorbraten in Rotwein (unten)

Rinderbraten mit Auberginen und Süßkartoffeln

Vorbereitungszeit: 20 Min.
Zubereitungszeit: 1 1/4 Std.
Für 4 Personen

1	kg	**Rindfleisch aus der Oberschale**
2	EL	**Öl**
250	ml	**Rinderbrühe**
1		**mittelgroße Zwiebel, in Streifen geschnitten**
1		**Knoblauchzehe, zerdrückt**
4		**große Tomaten, geschält, entkernt, gewürfelt**
1	TL	**gemahlener Kreuzkümmel**
1	TL	**Kurkuma**
1	TL	**feingeriebene Zitronenschale**
2	EL	**Zitronensaft**
1		**mittelgroße Aubergine, in 3 cm großen Würfeln**
1		**mittelgroße Süßkartoffel, halbiert und in 1 cm dicke Scheiben geschnitten**
2	EL	**Mehl**
3	EL	**Wasser**
1	EL	**frischer Koriander, gehackt**

➤ Fleisch von Fett und Sehnen befreien.

1 Öl in einem tiefen, gußeisernen Bräter erhitzen. Das Fleischstück darin bei mittlerer Hitze von allen Seiten anbraten, bis es rundum braun ist.

2 Vom Herd nehmen, Hitze reduzieren. Brühe, Zwiebel, Knoblauch, Tomaten, Kreuzkümmel, Kurkuma, Zitronenschale und -saft zufügen. Bräter zurück auf den Herd stellen. Zugedeckt langsam aufkochen lassen. 45 Minuten köcheln.

3 Aubergine und Süßkartoffel zufügen, weitere 30 Minuten ohne Abdeckung kochen, bis Fleisch und Gemüse weich sind. Den Braten herausnehmen und vor dem Schneiden in Alufolie gewickelt ca. 10 Minuten warmgestellt ruhen lassen. In der Zwischenzeit Mehl mit Wasser verquirlen und mit dem Koriander in die Sauce rühren. Bei mittlerer Hitze aufkochen und 3 Minuten weiterkochen, bis die Sauce eindickt. Vor dem Servieren über die Fleischscheiben gießen.

TIP

Das Gericht immer frisch zubereiten. Niemals einen Schmorbraten kochen. Nur langes, langsames Köcheln läßt das Fleisch zart und saftig werden.

1

2

3

Rindfleisch Burgunder Art

Vorbereitungszeit: 15 Min.
Zubereitungszeit: 1 3/4 Std.
Für 6 Personen

1	kg	Rindfleisch aus der Oberschale
100	g	Schinkenspeck
30	g	Butter
2	EL	Öl
18		Schalotten
2		Knoblauchzehen, zerdrückt
3	EL	Mehl
500	ml	Rotwein
750	ml	Rinderbrühe
300	g	kleine Champignons

➤ Fleisch und Speck von überflüssigem Fett und Sehnen befreien.

1 Anschließend das Fleisch in 3 cm und den Speck in 1,5 cm große Stücke schneiden.

2 Öl und Butter in einem gußeisernen Bräter erhitzen. Das Fleisch in kleinen Portionen bei mittlerer Hitze kurz anbraten, bis es knusprig braun ist. Auf Küchenkrepp abtropfen lassen.

3 Speck, Zwiebeln und Knoblauch zugeben und 2 Minuten bei mittlerer Hitze unter Rühren braun braten. Auf kleiner Flamme Mehl einrühren, bis es goldgelb ist. Nach und nach Wein und Brühe zugießen. Unter Rühren 2 Minuten weiterkochen, bis die Sauce eindickt.

4 Das Fleisch zurück in den Bräter geben. Zugedeckt bei niedriger Temperatur 1 1/2 Stunden köcheln lassen, bis das Fleisch zart ist. Gelegentlich umrühren. Champignons zugeben und nochmals 15 Minuten kochen.

TIP

2 Tage im voraus zubereiten und kühl aufbewahren. Langsam aufwärmen. Durch langsames Schmoren ergibt sich eine reichhaltige, dicke Sauce.

1

2

3

4

Irish Stew

Vorbereitungszeit: 10 Min.
Zubereitungszeit: 2 1/2 Std.
Für 4 Personen

1	kg	Lammkotelett vom Hals
1/4	Tse.	Mehl
4		mittelgroße Zwiebeln, in Streifen geschnitten
500	ml	Wasser
8		mittelgroße Kartoffeln, geviertelt
1/4	Tse.	frische Petersilie, gehackt

➤ Den Backofen auf 160 °C vorheizen.

1 Fleisch von Fett und Sehnen befreien. Mit Mehl panieren.

2 In eine ofenfeste Form mit 2 Liter Fassungsvermögen legen. Zwiebeln und Wasser zugeben. Zugedeckt 1 1/2 Stunden im Backofen schmoren.

3 Mit den Kartoffeln 1 weitere Stunde garen, bis diese und das Fleisch weich sind. Petersilie zugeben, umrühren.

TIP

Das Gericht immer frisch zubereiten. Die Kartoffeln können auch in dicken Scheiben auf den Boden der Auflaufform gelegt werden. Während des langen Garens werden sie weicher und reichern die Bratensauce an.

Soll es deftiger sein, breite Speckstreifen und gehackte Möhren dazugeben.

Traditionsgemäß besteht Irish Stew aus Hammelfleisch, das einen strengeren Geschmack als Lamm hat. Einige Metzger bieten Hammelfleisch regulär an oder bestellen es auf Ihren Wunsch hin.

1

2

3

Kalbsrouladen in Tomatensauce

Vorbereitungszeit: 12 Min.
Zubereitungszeit: 40 Min.
Für 6 Personen

6		Kalbsrouladen, ca. 100 g/Stck.
12		dünne Scheiben Prosciutto
1	Tse.	geraspelter Käse
2	Dse.	(à 45 g) Sardellen in Öl, abgetropft
2	EL	Mehl
1/4	TL	gemahlener schwarzer Pfeffer
2	EL	Öl
80	ml	trockener Weißwein
80	ml	Hühnerbrühe
125	ml	Tomatensauce, mit Stücken
1	TL	Kapern
1	EL	frische Petersilie, gehackt

➤ Den Backofen auf 180 °C vorheizen. Die Rouladen gleichmäßig flachklopfen, bis sie eine Dicke von ca. 3 mm haben.

1 2 Scheiben Prosciutto über jede Roulade legen. 2 EL Käse darüberstreuen, und 3 Sardellen obenauf legen.

2 Die Rouladen aufrollen und mit Bindfaden fest zubinden, so daß ihre Form beim Braten erhalten bleibt. Mehl und Pfeffer auf Pergamentpapier mischen. Rouladen panieren. Überschüssiges Mehl abschütteln.

3 Öl in einem gußeisernen Schmortopf erhitzen. Das Fleisch bei mittlerer Hitze kurz anbraten, bis es überall knusprig braun ist. Als unterste Schicht in einen flachen Bräter legen.

Wein, Brühe, Tomatensauce und Kapern in den Schmortopf geben, aufkochen. Über das Fleisch gießen. Bräter verschließen und 35 Minuten im Backofen garen.

Den Bindfaden von den Rouladen entfernen und mit Petersilie garniert servieren.

TIP

Das Gericht sollte immer frisch zubereitet werden.

Prosciutto kann auch durch Kochschinken ersetzt werden.

Sardellen mögen für manchen Geschmack etwas zu salzig sein. Sie werden milder, wenn man sie 30 Minuten in Milch einlegt.

1

2

3

Irish Stew (oben), Kalbsrouladen in Tomatensauce (unten)

Lamm-Curry mit Mandeln und Kokosnuß

Vorbereitungszeit: 25 Min.
Zubereitungszeit: 40 Min.
Für 4 Personen

8		**Lammkeulen oder Lammkoteletts, ca. 140 g/Stck.**
60	ml	**Olivenöl**
1		**mittelgroße Zwiebel, in Scheiben geschnitten**
1		**mittelgroßer Kochapfel, geschält und gewürfelt**
2		**mittelgroße Möhren, kleingeschnitten**
3		**getrocknete Curryblätter**
1	EL	**frische Korianderblätter**
1/2	TL	**Garam masala**
1/2	TL	**gemahlener Koriander**
1/2	TL	**Kurkuma**
1	Dse.	**(155g) Kokosmilch**
1	EL	**Mandeln, gemahlen**
1/4	Tse.	**Mandelstifte, geröstet**

➤ Fleisch von Fett und Sehnen befreien.

1 Die Koteletts in 3 cm große Würfel schneiden; Knochen wegwerfen.

2 2 EL Öl in einem gußeisernen Bräter erhitzen. Das Fleisch in kleinen Portionen bei mittlerer Hitze kurz knusprig braun anbraten, auf Küchenkrepp abtropfen lassen.

3 Restliches Öl erhitzen. Zwiebeln zugeben und 5 Minuten dünsten, bis sie weich sind. Fleisch, Apfel, Möhre, Gewürze und Kokosmilch zugeben, aufkochen. Auf kleiner Flamme zugedeckt 35 Minuten köcheln, bis das Fleisch weich ist. Gemahlene Mandeln kurz vor dem Servieren einrühren. Mit gerösteten Mandelstiften garnieren.

TIP

Einen Tag im voraus zubereiten und im Kühlschrank aufbewahren; im Gefrierschrank bis zu 1 Monat haltbar.

1

2

3

Lammhaxen mit Knoblauch

Vorbereitungszeit: 20 Min.
Zubereitungszeit: 1 1/4 Std.
Für 6 Personen

6		große Lammhaxen
frisch gemahlener schwarzer Pfeffer, nach Geschmack		
1	EL	Öl
2		mittelgroße Lauchstangen, in Scheiben geschnitten
1		mittelgroßer Rosmarinzweig
250 ml		trockener Weißwein
1		Knoblauchknolle

➤ Den Backofen auf 180 °C vorheizen.
1 Haxen pfeffern. Öl in einer gußeisernen Pfanne erhitzen. Die Haxen portionsweise bei mittlerer Hitze knusprig braun anbraten, auf Küchenkrepp abtropfen lassen. In eine Auflaufform geben.
2 Den Lauch in der Pfanne dünsten, bis er weich ist, und mit Wein und Rosmarin in die Auflaufform geben.
3 Die Knoblauchknolle horizontal in der Mitte durchschneiden. Die Schnittflächen mit etwas Öl einpinseln. Mit der aufgeschnittenen Fläche nach oben auf die Zutaten in die Auflaufform legen; sie sollte jedoch nicht mit Flüssigkeit bedeckt sein. Zugedeckt 1 Stunde im Ofen schmoren. Deckel abnehmen, weitere 15 Minuten garen. Rosmarin entfernen und mit gedünstetem Gemüse und geröstetem Brot servieren, auf das der Knoblauch verteilt werden kann.

TIP
Das Lammfleisch sollte so weich sein, daß es vom Knochen fällt.
Lassen Sie sich nicht durch die große Knoblauchmenge abschrecken. Je länger Knoblauch gekocht wird, desto milder wird sein Geschmack.

1
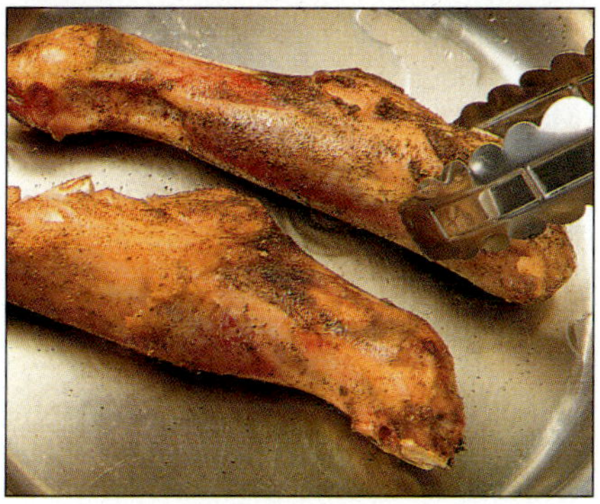

2

3

1

2

3

4

Cassoulet

Vorbereitungszeit: 20 Min.
Einweichzeit: über Nacht
Zubereitungszeit: 4 Std.
Für 6 Personen

500	g	**getrocknete weiße Bohnen**
1½	l	**Rinderbrühe**
500	g	**Schweinerippchen**
250	g	**Lammfleisch, gewürfelt**
2	EL	**Öl**
250	g	**Knoblauch- oder Rostbratwürste**
125	g	**Speck, gewürfelt**
2		**mittelgroße Zwiebeln, in Scheiben geschnitten**
2		**mittelgroße Möhren, in Scheiben geschnitten**
2		**Knoblauchzehen, zerdrückt**
1		**Lorbeerblatt**
1		**Zweig Petersilie**
1		**Zweig Thymian**
6		**schwarze Pfefferkörner**
2	Tse.	**(ca. 90 g) Paniermehl**
60	g	**feste Butter, geraspelt**

➤ Bohnen über Nacht einweichen.

1 Abtropfen lassen und mit der Brühe in einem großen Topf langsam zum Kochen bringen. Hitze reduzieren und 1 Stunde köcheln, bis die Bohnen weich sind. Wasser abgießen und auffangen.

2 Fleisch von Fett und Sehnen befreien. Das Öl in einer Pfanne erhitzen, Fleisch, Würstchen und Speck portionsweise anbraten. Auf Küchenkrepp abtropfen lassen. Anschließend Zwiebeln, Möhren und Knoblauch braun anbraten.

3 Den Backofen auf 160 °C vorheizen. Das gesamte Fleisch, Bohnen und Gemüse in eine große Auflaufform füllen. Kräuter und Pfefferkörner in ein Mulltuch binden und mit in die Form legen. Mit Bohnenwasser auffüllen und zugedeckt 2 Stunden im Backofen garen.

4 Den Kräuterbeutel wegwerfen. Butter und Paniermehl vermengen und über den Auflauf verteilen. Weitere 30 Minuten goldbraun schmoren.

TIP

Das Gericht ohne Butter und Paniermehl 2 Tage im voraus zubereiten. Diese dann beim Aufwärmen zufügen.

Filetsteaks mit Pflaumen

Vorbereitungszeit: 15 Min.
Zubereitungszeit: 30 Min.
Für 4 Personen

4		**Schweinefilets, je ca. 175 g**
500 ml		**Hühnerbrühe**
2	EL	**Öl**
1		**große Zwiebel, in Stücken**
2		**Knoblauchzehen, zerdrückt**
1	EL	**frische Thymianblätter**
1		**große Tomate, geschält, entkernt, gewürfelt**
125 ml		**Sahne**
16		**Backpflaumen, entsteint**

➤ Das Fleisch von überflüssigem Fett und Sehnen befreien.

1 Einen Bindfaden seitlich um jedes Steak spannen und es kreisförmig mit einer Schleife (so läßt sich der Faden später leichter entfernen) zusammenbinden. Die Brühe in einen mittelgroßen Topf geben, aufkochen und 5 Minuten kochen, bis etwas mehr als die Hälfte der Flüssigkeit verdampft ist.

2 Das Öl in einer gußeisernen Pfanne erhitzen, Fleisch zugeben und bei hoher Hitze nacheinander von jeder Seite 2 Minuten scharf anbraten, damit sich die Poren schließen. Aus der Pfanne nehmen und auf Küchenkrepp abtropfen lassen.

3 Zwiebeln und Knoblauch in der Pfanne unter Rühren 2 Minuten braten. Das Fleisch mit Thymian, Tomate und Brühe wieder zufügen. Hitze reduzieren, zugedeckt langsam zum Kochen bringen und ca. 10 Minuten köcheln, Fleisch einmal wenden. Sahne und Pflaumen zugeben. Weitere 5 Minuten köcheln.

TIP

Das Gericht immer frisch zubereiten. Am besten ist es, eine reife, feste Tomate zu verwenden.

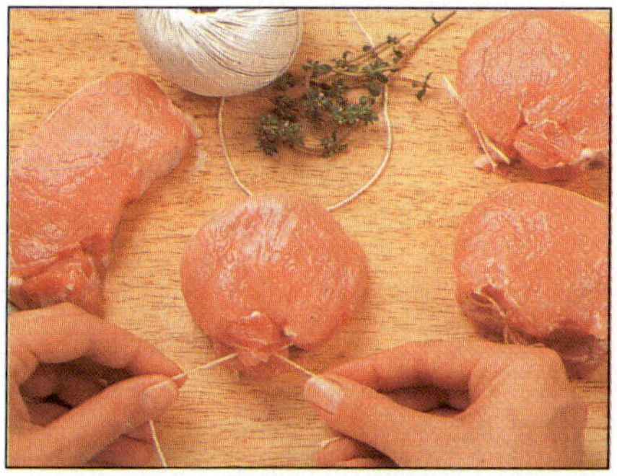
1

2

3

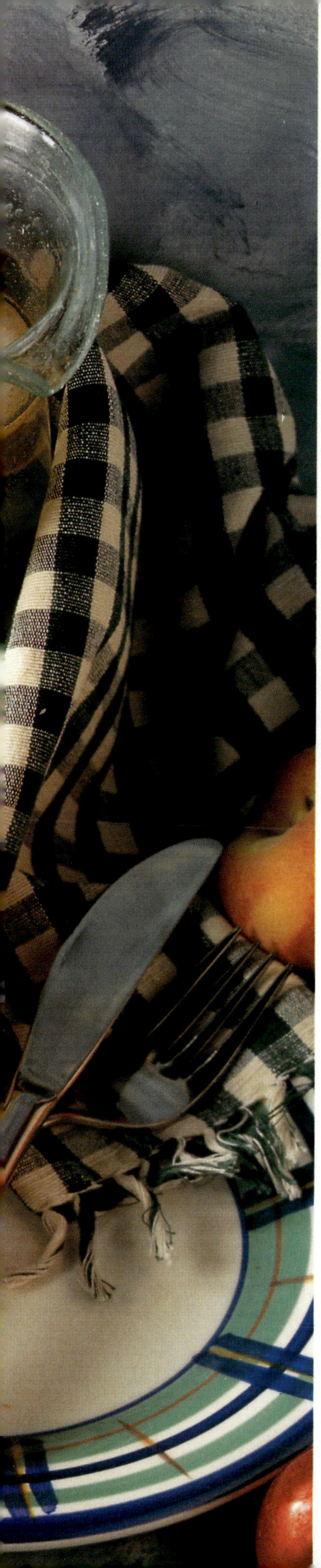

Familiengerichte

Familien-Fleischpastete

Vorbereitungszeit: 15 Min.
Zubereitungszeit: 40 Min.
Für 4–6 Personen

750 g		**Rindergehacktes**
1	EL	**Öl**
1		**mittelgroße Zwiebel, gehackt**
100 g		**Champignons, in Scheiben geschnitten**
250 ml		**Rinderbrühe**
2	EL	**Tomatenmark**
2	EL	**Mehl**
2		**Scheiben Tiefkühl-Mürbeteig, aufgetaut**
1		**Scheibe Tiefkühl-Blätterteig, aufgetaut**
1		**Ei, leicht verschlagen**

➤ Den Backofen auf 240 °C vorheizen.

1 Das Öl in einer gußeisernen Pfanne erhitzen. Gehacktes und Zwiebel bei mittlerer Hitze rundum braun braten, bis nahezu alle Flüssigkeit verdampft ist. Eventuelle Fleischklumpen mit einer Gabel zerkleinern.

2 Pilze, Brühe und Tomatenmark zugeben. Hitze reduzieren, ohne Deckel 15 Minuten köcheln. Mehl mit ein wenig Wasser glattrühren, in die Fleischsauce rühren und kochen, bis sie bindet. Abkühlen lassen.

3 Eine Quicheform von 23 cm Durchmesser mit Mürbeteig-Platten auslegen. Die Scheiben dürfen sich dabei überlappen. Die abgekühlte Fleischmischung einfüllen. Teigenden mit Wasser benetzen, und den Blätterteig als Pastetendeckel obenauf legen. Die Enden andrücken. Überschüssigen Teig abschneiden und eventuell als Dekoration verwenden.

4 Pastetendeckel mit verquirltem Ei bepinseln; einige Male mit einer Gabel einstechen, damit entstehender Dampf entweichen kann. Die Form auf ein Backblech in den Ofen stellen. Nach 10 Minuten die Hitze auf 180 °C senken und weitere 30 Minuten backen, bis die Pastete goldfarben ist.

TIP

Das Gericht immer frisch zubereiten. Statt einer großen Pastete kann man auch mehrere kleine herstellen. Dafür mit Hilfe eines Tellers entsprechend große Kreise aus dem Teig schneiden.

1

2

3

4

Nudelauflauf mit Hackfleisch

Vorbereitungszeit: 15 Min.
Zubereitungszeit: 2 Std.
Für 8 Personen

2	EL	Olivenöl
1		große Zwiebel, gehackt
1	kg	Rindergehacktes
60	ml	Rotwein
750	ml	Tomatensauce mit Stücken
2		Hühnerbrühwürfel, zerdrückt
2	EL	frische Petersilie, feingehackt
500	g	Spaghetti
2		Eiweiß, leicht geschlagen
2	EL	Paniermehl

Käsesauce

2	EL	Butter
2	EL	Mehl
625	ml	Milch
2		Eigelb, leicht verquirlt
100	g	Cheddarkäse, gerieben

➤ Den Backofen auf 180 °C vorheizen.

1 Das Öl in einer gußeisernen Pfanne erhitzen, Zwiebeln bei mittlerer Hitze 2 Minuten anbraten, bis sie weich sind. Gehacktes zugeben und bei hoher Temperatur braten, bis nahezu alle Flüssigkeit verdampft und das Fleisch knusprig braun ist.

2 Wein, Tomatensauce und Brühwürfel zugeben, aufkochen und zugedeckt auf kleiner Flamme 1 Stunde kochen. Gelegentlich umrühren. Vom Herd nehmen, Petersilie zugeben und abkühlen lassen.

3 Wasser zum Kochen bringen und die Nudeln *al dente* garen. Abgießen, unter kaltem Wasser abschrecken und gut abtropfen lassen. Das Eiweiß untermischen und die Hälfte der Spaghetti auf den Boden einer eingefetteten, tiefen Auflaufform geben. Mit dem Hackfleisch abdecken.

4 Die restlichen Spaghetti mit der Käsesauce verrühren und über dem Hackfleisch verteilen. Das Paniermehl gleichmäßig darüberstreuen. 45 Minuten backen, bis der Auflauf hellgolden ist.

Für die Käsesauce: Butter in einem kleinen Topf erhitzen. Mehl zugeben. Bei schwacher Hitze 2 Minuten unter Rühren hellgold bräunen. Nach und nach die Milch zugießen, ständig rühren, bis eine glatte Sauce entstanden ist. 5 Minuten bei mittlerer Hitze köcheln, bis die Sauce eindickt. Nochmals 1 Minute kochen. Ein wenig abkühlen lassen, dann Eigelb und Käse einrühren.

TIP

Problemlos bis zu 2 Wochen einfrierbar.

1

2

3

4

Hackfleisch-Pizza

Vorbereitungszeit: 10 Min.
Zubereitungszeit: 40 Min.
Für 4–6 Personen

500 g		mageres Rindergehacktes
1		mittelgroße Zwiebel, feingehackt
1		Knoblauchzehe, zerdrückt
1	TL	Kräutermischung
1/4	Tse.	Tomatenmark
1	Tse.	geriebener Pizza-Käse
100 g		Champignons, in Scheiben geschnitten
1		kleiner roter Paprika, in Streifen geschnitten
1		kleiner grüner Paprika, in Streifen geschnitten
20		schwarze Oliven, entkernt, gehackt

➤ Den Backofen auf 180 °C vorheizen.
1 Hackfleisch, Zwiebel, Knoblauch und Kräuter mischen. Fest auf ein Pizzablech von 28 cm Durchmesser drücken.
2 Mit Tomatenmark bestreichen und den restlichen Zutaten belegen. Zum Auffangen von Öl im Backofen ein größeres Blech als Unterlage verwenden.
3 Mit Alufolie abdecken, 30 Minuten backen, das abfließende Öl regelmäßig abgießen. Nochmals 10 Minuten ohne Alufolie backen. Mit Salat servieren.

TIP
Den Pizzaboden aus Rinderhack 1 Tag zuvor zubereiten und kühl aufbewahren. Er läßt sich bis zu 2 Monaten einfrieren.
Variation: Verwenden Sie Tomaten, Ananas oder Schinken als Belag.

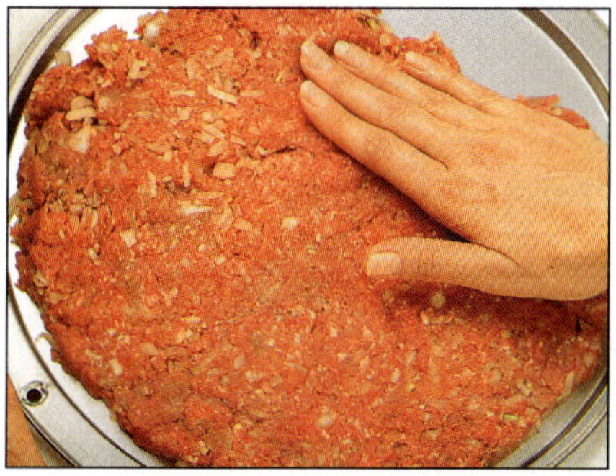
1

2

3

Lammnieren und Steak im Pastetenhaus

Vorbereitungszeit: 30 Min.
Zubereitungszeit: 4 Std.
Für 4 Personen

500	g	**Rumpsteak**
200	g	**Lammnieren**
2	EL	**Mehl**
30	g	**Butter**
1	EL	**Öl**
1		**mittelgroße Zwiebel, in kleine Stücke geschnitten**
1		**Koblauchzehe, zerdrückt**
125	g	**kleine Champignons, geviertelt**
125	ml	**Rotwein**
250	ml	**Rinderbrühe**
2	EL	**frische Petersilie, gehackt**
1		**Lorbeerblatt**

Teig

$1\frac{1}{2}$	Tse.	**Mehl, vermischt mit $\frac{1}{2}$ Päckchen Backpulver**
90	g	**Flomen (Nierenfett)**
ca. 125	ml	**Wasser**

➤ Steak von Fett und Sehnen befreien.

1 Anschließend in 3 cm große Würfel schneiden. Die Haut von den Nieren ziehen, vierteln, überflüssiges Fett ebenfalls entfernen. Das gesamte Fleisch mit Mehl panieren.

2 Butter und Öl in einem gußeisernen Bräter erhitzen. Zwiebeln und Knoblauch darin braten. Wenn sie weich sind, herausnehmen. Fleisch und Nieren in kleinen Portionen bei mittlerer Hitze schnell bräunen. Auf Küchenkrepp abtropfen lassen.

3 Zwiebeln, Knoblauch, Fleisch und Nieren wieder in den Bräter zurückgeben. Mit den Pilzen, Wein, Brühe, Petersilie und dem Lorbeerblatt zum Kochen bringen. Hitze reduzieren und zugedeckt 1 Stunde köcheln, bis das Fleisch zart ist. Immer wieder umrühren. Anschließend abkühlen lassen.

4 **Für den Teig:** Mehl in eine Schüssel sieben und mit dem Flomen verrühren. Genügend Wasser zugießen, um einen festen Teig zu erhalten. Auf leicht bemehlter Arbeitsfläche weich kneten. $\frac{2}{3}$ des Teigs ausrollen und den Boden und die Seiten eines Puddinggefäßes von 2 Liter Fassungsvermögen damit auslegen. Die obere Kante mit Wasser bepinseln.

5 Fleischmischung in die Pastete füllen. Den restlichen Teig ausrollen, die Puddingform damit abdecken, die Teigenden fest andrücken. Ein eingeöltes Pergamentpapier, das im Durchmesser 5 cm größer ist als der Pudding, obenauf legen.

6 Alufolie über die Form legen und festbinden. Die Form in einen großen Topf setzen. Diesen bis zur Hälfte der Form mit Wasser auffüllen. Zum Kochen bringen, Hitze reduzieren und die Pastete zugedeckt im Wasserbad 3 Stunden garen. Umstürzen. Pastetenhaus in Stücke schneiden. Sofort servieren.

TIP

Flomen gibt der Pastete einen vollen Geschmack und läßt den Teig knusprig werden. Es ist beim Metzger erhältlich. Kontrollieren Sie beim Kochen immer wieder den Wasserpegel. Wenn nötig, kochendes Wasser zugießen.

Kalbsnieren eignen sich am besten zum Grillen und Braten. Lammnieren sind nicht so geschmacksintensiv, können aber ebenfalls gegrillt, gebraten oder wie in diesem Rezept eingesetzt werden. Schweinenieren schmecken sehr streng und werden am besten geschmort oder gekocht. Durch sie erhält man besonders schmackhafte Saucen.

Nieren halten sich 1 Tag im Kühlschrank. Stark nach Ammoniak riechende Nieren wegwerfen, da ihr Geruch von unkorrekter Behandlung oder zu langer Lagerung zeugt.

1

2

3

4

5

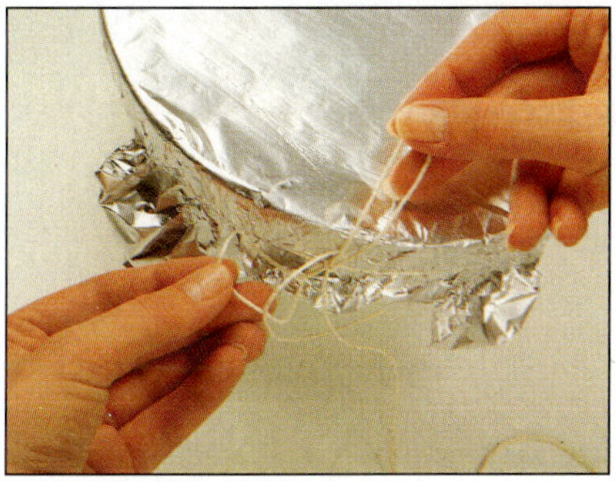
6

Pikantes Rind mit Kräuterplätzchen

Vorbereitungszeit: 30 Min.
Zubereitungszeit: 2 Std. 10 Min.
Für 4 Personen

1	kg	**Rindfleisch, Unterschale**
1/4	Tse.	**Mehl**
3	EL	**Öl**
4		**mittelgroße Zwiebeln, grobgehackt**
2		**Koblauchzehen, zerdrückt**
1/3	Tse.	**Pflaumenmus**
80	ml	**dunkler Essig**
250	ml	**Rinderbrühe**
2	TL	**süße Chilisauce**
Kräuterplätzchen		
2	Tse.	**Mehl, mit 1 Päckchen Backpulver vermischt**
30	g	**Butter**
2	EL	**frischer Schnittlauch, gehackt**
2	EL	**frische Petersilie, gehackt**
200	ml	**Milch**

➤ Den Backofen auf 180 °C vorheizen. Fleisch von Fett und Sehnen befreien und in 3 cm große Würfel schneiden. Mit Mehl panieren, überschüssiges Mehl abschütteln.

1 2 EL Öl in einer gußeisernen Pfanne erhitzen. Das Fleisch in kleinen Portionen bei mittlerer Hitze kurz bräunen. Auf Küchenkrepp abtropfen lassen.

2 Das restliche Öl erhitzen. Zwiebeln und Knoblauch zufügen. Unter Rühren 3 Minuten braten, bis sie weich sind. Mit dem Fleisch in einer großen Schüssel vermengen.

3 Pflaumenmus, Essig, Brühe und Chilisauce zugeben, gut mischen und in eine Auflaufform füllen. Zugedeckt 1 1/2 Stunden garen, bis das Fleisch zart ist.

4 Den Ofen auf 240 °C hochstellen. Die Kräuterplätzchen auf das Fleisch setzen und ohne Abdeckung ca. 30 Minuten goldbraun backen.

Für die Kräuterplätzchen: Das Mehl in eine Schüssel sieben. Die Butter einkneten, bis eine krümelige Mischung entsteht. Schnittlauch und Petersilie untermischen. Milch zugießen und verrühren. Den Teig auf leicht bemehlter Arbeitsfläche weich kneten und 4 cm dick ausrollen, dann 5 cm große Plätzchen ausstechen.

1

2

3

4

TIP

Das Gericht kann (ohne Kräuterplätzchen) 2 Tage zuvor zubereitet und im Kühlschrank aufbewahrt werden. Es läßt sich bis zu 2 Wochen einfrieren. Beim Aufwärmen die Plätzchen hinzufügen.
Variation: Knoblauch oder Petersilie durch 1 EL gehackten frischen Rosmarin oder Basilikum ersetzen.

Rinderchili mit Bohnen

Vorbereitungszeit: 6 Min.
Zubereitungszeit: 20 Min.
Für 4 Personen

500 g		**Rumpsteak**
2	EL	**Öl**
2		**Koblauchzehen, zerdrückt**
35	g	**Taco-Gewürzmischung**
1	EL	**Tomatenmark**
200 ml		**Wasser**
1	EL	**süße Chilisauce**
440 g		**rote Kidneybohnen, gewaschen, abgetropft**

➤ Fleisch von Fett und Sehnen befreien.

1 Anschließend in 3 cm große Würfel schneiden.

2 Das Öl in einer gußeisernen Pfanne erhitzen. Das Fleisch in kleinen Portionen bei hoher Hitze scharf anbraten, bis es rundum gebräunt ist. Temperatur auf mittlere Hitze zurückschalten.

3 Knoblauch, Gewürzmischung, Tomatenmark, Wasser und Chilisauce zufügen und zum Kochen bringen. Hitze reduzieren und zugedeckt 15 Minuten köcheln, gelegentlich umrühren. Die Bohnen zugeben. Weitere 5 Minuten garen.

TIP

Servieren Sie das Gericht in Tacos, mit in Streifen geschnittenen Salatblättern garniert. Dazu passend: Avocado-Sauerrahmcreme.

Das Fleisch kann 1 Tag im voraus zubereitet werden. Langsam aufwärmen.

1 

2 

3 

Schäfer-Pastete

Vorbereitungszeit: 15 Min.
Zubereitungszeit: 1 1/4 Std.
Für 4–6 Personen

2	EL	Öl
1		mittelgroße Zwiebel, gehackt
1		Koblauchzehe, zerdrückt
750	g	Lammgehacktes
250	g	kleine Champignons, in Scheiben geschnitten
1/3	Tse.	Tomatenmark
1	EL	Worcestersauce
3	EL	frische Petersilie, gehackt
2	EL	trockener Sherry
2	EL	Stärke
375	ml	Rinderbrühe

Belag

4		große Kartoffeln (ca. 1 kg), gehackt
350	g	Kürbis, gehackt
30	g	Butter
1		Ei, leicht verschlagen

➤ Den Backofen auf 180 °C vorheizen.

1 Das Öl in einer gußeisernen Pfanne erhitzen. Zwiebeln und Knoblauch darin braten, bis sie weich sind. Gehacktes zugeben und bei hoher Hitze 5 Minuten braten, so daß es rundum gebräunt und die Flüssigkeit völlig verdampft ist. Eventuelle Fleischklumpen mit einer Gabel auseinanderbrechen.

2 Pilze, Tomatenmark, Worcestersauce, Petersilie und Sherry einrühren. Stärke mit der Brühe glattrühren. In die Pfanne geben und unter Rühren bei mittlerer Hitze in 3 Minuten zum Kochen bringen. Hitze reduzieren. Zugedeckt 25 Minuten garen, ab und zu umrühren.

3 Die Füllung in eine 2 Liter fassende ofenfeste Form oder eine Pastetenform von 23 cm Durchmesser geben. Den Belag darüber streichen. 45 Minuten backen, bis die Oberfläche braun wird.

Zubereitung des Belags: Kartoffeln und Kürbis 10 Minuten in kochendem Wasser weich kochen, anschließend abtropfen lassen. In eine Schüssel füllen und mit Butter und Ei zu einer glatten Masse zerstampfen.

TIP

Das Gericht läßt sich bis zu einem Monat einfrieren.

Variation: Lammgehacktes kann durch Rindergehacktes ersetzt werden.

1

2

3

Lamm-Pastete

Vorbereitungszeit: 5 Min.
Zubereitungszeit: 50 Min.
Für 6 Personen

2	EL	**Öl**
2		**mittelgroße Zwiebeln, gehackt**
1	kg	**Lammgehacktes**
1/4	Tse.	**frische Petersilie, gehackt**
2	EL	**frische Minze, gehackt**
1	TL	**gemahlener Zimt**
1/2	Tse.	**Pinienkerne**
375	g	**Filoteig**
250	g	**Butter, geschmolzen**

➤ Öl in einer gußeisernen Pfanne erhitzen. Zwiebeln und Gehacktes zugeben.

1 Bei mittlerer Hitze 10 Minuten braten, bis es gut braun und die Flüssigkeit verdampft ist. Eventuelle Klumpen mit einer Gabel auseinanderbrechen. Petersilie, Minze, Zimt und Pinienkerne einrühren, gründlich vermischen.

2 Den Ofen auf 180 °C vorheizen. Eine flache Auflaufform von 33 x 23 cm mit Öl oder Butter leicht einfetten. 2 Teigblätter hineinlegen und mit geschmolzener Butter einpinseln. Die anderen Teigblätter währenddessen mit einem feuchten Geschirrtuch abdecken, damit sie nicht austrocknen (Filo wird schnell brüchig). 2 weitere Teigblätter in die Form legen und mit Butter bepinseln. Ränder nicht abschneiden.

3 1/4 der Fleischmischung auf dem Teig verteilen. 4 weitere Teiglagen mit Butter bepinseln und abwechselnd mit der Fleischmischung schichten. Mit 2 Teigblättern aufhören; die überhängenden Enden zur obersten Teiglage hin falten. 40 Minuten goldbraun backen.

TIP
Das Gericht immer frisch zubereiten.

1

2

3

1

2

3

4

5

6

Auberginen-Lammauflauf

Vorbereitungszeit: 30 Min.
Zubereitungszeit: 1 Std.
Für 6–8 Personen

3		große Auberginen, in 4 mm dicke Scheiben geschnitten
2	EL	Salz
125	ml	Olivenöl
1	kg	Lammgehacktes
410	g	Dosentomaten mit Flüssigkeit, zerdrückt
1/4	Tse.	Tomatenmark
2		Knoblauchzehen, zerdrückt
2	TL	getrockneter Oregano
1/2	TL	gemahlener Zimt

Kartoffelbelag

4		große Kartoffeln (ca. 1 kg), in Stücke geschnitten
2		Eier, leicht verschlagen
60	ml	Milch
1/4	TL	gemahlener Zimt
1/2	Tse.	Parmesankäse, frisch gerieben

➤ Den Ofen auf 180 °C vorheizen.

1 Die Auberginenscheiben mit Salz bestreuen und 1 Stunde in ein Sieb legen, damit austretende Bitterstoffe abtropfen können. Mit kaltem Wasser abspülen; trockentupfen.

2 3 EL Öl in einer gußeisernen Pfanne erhitzen. Auberginen portionsweise bei mittlerer Hitze gut bräunen. Wenn nötig, mehr Öl zugeben. Auf Küchenkrepp abtropfen lassen.

3 Gehacktes mit dem restlichen Öl in die Pfanne geben. Bei mittlerer Hitze 10 Minuten bräunen, bis jede Flüssigkeit verdampft ist.

4 Tomaten, Tomatenmark, Knoblauch, Oregano und Zimt zugeben, aufkochen. Hitze reduzieren, ohne Deckel 10 Minuten köcheln. Ab und zu umrühren.

5 Die Auberginen auf dem Boden einer tiefen Auflaufform verteilen und mit der Hackmischung belegen. Darauf den Kartoffelbelag streichen. Zur Dekoration die Oberfläche mit einer Gabel wellenförmig einritzen. 40 Minuten backen, bis der Auflauf goldgelb ist.

6 Für den Kartoffelbelag: Kartoffeln in einem großen Topf 10 Minuten kochen, bis sie gar sind. Abtropfen und abkühlen lassen. In einer großen Schüssel mit einer Gabel zerkleinern. Eier, Milch, Zimt und Käse zugeben. Mit der Gabel gründlich vermengen.

TIP

Der Auflauf kann bis zu 4 Stunden im voraus zubereitet und im Kühlschrank aufbewahrt werden. Vor dem Kochen auf Zimmertemperatur aufwärmen.

Variationsmöglichkeiten: Der Belag kann auch aus einer Mischung von Süßkartoffeln und Kartoffeln zubereitet werden. In diesem Fall wird kein Parmesankäse verwendet, sondern der Auflauf kurz vor Ende der Garzeit (der Käse sollte nur noch schmelzen können) mit geriebenem Cheddarkäse bestreut. Sofort servieren.

Lammauflauf rustikal

Vorbereitungszeit: 40 Min.
Zubereitungszeit: 55 Min.
Für 4–6 Personen

1	kg	Lammkeulen
1	EL	Olivenöl
20	g	Butter
1		mittelgroße Zwiebel, gehackt
2	EL	Mehl
375	ml	Tomatensaft
60	ml	Portwein
1	EL	Rotweinessig
2	EL	Tomatenmark
1	TL	gemahlener Oregano
1		mittelgroße Möhre, halbiert und in 1 cm dicke Scheiben geschnitten
1		mittelgroße Pastinake, halbiert und in 1 cm dicke Scheiben geschnitten
1		mittelgroße Lauchstange, in Scheiben geschnitten
375	g	Blätterteig
1		Ei, leicht verschlagen

➤ Das Fleisch von Fett und Sehnen befreien. In 1 cm große Würfel schneiden.
1 Öl und Butter in einer großen, gußeisernen Pfanne erhitzen. Die Zwiebeln bei mittlerer Hitze weich dünsten und auf Küchenkrepp abtropfen lassen. Dann das Fleisch portionsweise anbraten. Ebenfalls abtropfen lassen. Mehl in die Pfanne geben, 1 Minute unter Rühren bräunen; Tomatensaft, Portwein, Essig, Tomatenmark und Oregano zugeben. Ständig rühren, bis die Sauce kocht und eindickt.
2 Zwiebeln, Fleisch und Gemüse beimischen. Aufkochen, Hitze reduzieren und ohne Abdeckung 15 Minuten köcheln. Vom Herd nehmen. Abkühlen. Den Ofen auf 180 °C vorheizen. Mit $^2/_3$ des Blätterteigs eine tiefe Auflaufform von 20 cm Durchmesser auslegen. Fleischmischung einfüllen.
3 Resttteig als Deckel verwenden. Überstehende Kanten mit Ei bestreichen, bis auf 1 cm abschneiden. Rand nach innen einschlagen, Auflauf mit Ei bepinseln und dreimal einschneiden, damit der Dampf entweichen kann. 40 Minuten backen.

TIP
Variation: Andere Kräuter verwenden.

1

2

3

Gourmet Hackbraten

Vorbereitungszeit: 20 Min.
Zubereitungszeit: 1¼ Std.
Für 6 Personen

500 g		Schweine- und Kalbshack
250 g		Wurstbrät
1½	Tse.	(ca. 65 g) frische weiße Brotkrumen
1		kleiner grüner Paprika, in Stücke geschnitten
1		mittelgroße Zwiebel, feingehackt
2		Knoblauchzehen, zerdrückt
125 ml		Tomatensauce mit Stücken
½	Tse.	Früchte-Chutney
1		Ei, leicht verschlagen
½	Tse.	getrocknete Aprikosen, gehackt
1	EL	grüne Pfefferkörner, abgetropft, gehackt
2	EL	frische Pfefferminze, gehackt
2	TL	gemahlener Paprika, edelsüß
1	EL	Sesamsamen, geröstet

Tomatenrahmsauce:

375 ml		Tomatensauce mit Stücken
125 ml		Sahne
3	TL	Senfkörner

➤ Eine 23 x 13 cm große Kastenform einfetten. Den Backofen auf 180 °C vorheizen.

1 Schweine- und Kalbsgehacktes sowie Wurstbrät in einer Schüssel mit Brotkrumen, Paprika, Zwiebel, Knoblauch, Tomatensauce, Chutney, Ei, Aprikosen, Pfefferkörnern, Minze und Paprikapulver gründlich vermengen.

2 In die vorbereitete Kastenform drücken und ohne Abdeckung 1¼ Stunden backen. Den entstandenen Saft abgießen. Umstürzen und mit Sesamsamen bestreuen. In Scheiben geschnitten mit Tomatenrahmsauce servieren

3 **Für die Tomatenrahmsauce:** Alle Zutaten in einen Topf geben. Aufkochen. Hitze reduzieren und 3 Minuten auf kleiner Flamme unter Rühren köcheln.

TIP

Der Hackbraten läßt sich bis zu 1 Monat einfrieren.

Die Hackbratenscheiben können auch kalt als Brotbelag verwendet werden.

1

2

3

Kalbs- und Schweinefleisch-Pastete

Vorbereitungszeit: 30 Min.
Ruhezeit: 1 Std.
Zubereitungszeit: 45 Min.
Für 6 Personen

Füllung

15	g	getrocknete chinesische Pilze
125	ml	kochendes Wasser
500	g	Gehacktes, halb Kalb/halb Schwein
200	g	Hühnerleber, gehackt
4		Speckstreifen, feingehackt
2		Eier, leicht verschlagen
2	TL	gemahlener Koriander
1	TL	Gewürzmischung
2		Knoblauchzehen, zerdrückt
1	EL	frischer Thymian, gehackt
$^1/_2$	Tse.	Pistazien, gehackt
2	EL	Brandy
1	EL	Sherry
125	ml	Sahne

Teig

$2^1/_4$	Tse.	Mehl
125	g	Butter, kleingeschnitten
125	ml	Eiswasser
1		Ei, leicht verschlagen

➤ Pilze im kochenden Wasser einweichen. Abtropfen lassen, Flüssigkeit auffangen, Pilze kleinschneiden.

1 Für die Füllung: Alle Zutaten mit den Händen vermischen. Mit Klarsichtfolie abgedeckt 1 Stunde ruhen lassen.

2 Für den Teig: Mehl und Butter in einer Küchenmaschine 20 Sekunden verkneten, so daß eine krümelige Mischung entsteht. Einen großen Teil des Wassers zugießen, verrühren, bis ein fester Teig entsteht. Eventuell mehr Wasser zugeben. Auf einer bemehlten Arbeitsfläche weich kneten. $^2/_3$ des Teigs ausrollen und eine eingefettete Auflaufform von 23 cm Durchmesser damit auslegen. Restteig in Folie wickeln und mit der Auflaufform 20 Minuten in das Gefrierfach legen. Dann die Füllung in die Form geben. Ofen auf 210 °C vorheizen. Überstehende Teigkanten mit Ei bestreichen. Restteig zum Deckel für die Pastete ausrollen.

3 Überstehende Kanten mit einem scharfen Messer abschneiden. Teig dreimal einschneiden. Mit Ei bestreichen, 45 Minuten goldbraun backen.

TIP

Pastete bis zu 2 Tagen im voraus zubereiten. Kalt servieren oder im Ofen ca. 15 Minuten erhitzen.

1

2

3

Gefüllte Teigtaschen

Vorbereitungszeit: 45 Min.
Zubereitungszeit: 30 Min.
Für 8 Personen

250 g		**Rindfleisch aus dem Bug- oder Zungenstück**
1		**mittelgroße Kartoffel**
1		**mittelgroße Möhre**
1		**mittelgroße Zwiebel**
2	EL	**Tomatensauce**
2	EL	**Früchte-Chutney**
2	TL	**Worcestersauce**
Teig		
2	Tse.	**Mehl**
125	g	**Butter**
1		**Ei, getrennt**
3	EL	**Wasser**

➤ Den Backofen auf 240 °C vorheizen. Fleisch von Fett und Sehnen befreien.

1

2

3

4

1 Das Fleisch in kleine Stücke schneiden. Die Kartoffel, Möhre und Zwiebel grob reiben. Auf Küchenkrepp abtropfen lassen. Anschließend mit Fleisch, Tomatensauce, Chutney und Worcestersauce in einer Schüssel vermengen.

2 **Teig:** Mehl in eine Rührschüssel sieben. Die Butter einkneten, bis man eine krümelige Mischung erhält. Eigelb und so viel Wasser zugeben, daß ein fester Teig entsteht. Anschließend auf einer leicht bemehlten Arbeitsfläche weich kneten. Dünn ausrollen und 8 Kreise von 15 cm Durchmesser ausstechen.

3 Die Fleischfüllung gleichmäßig darauf verteilen. Die Kanten mit etwas leicht geschlagenem Eischnee bepinseln. Die Teigenden über die Füllung klappen und fest zusammendrücken.

4 Mit der Nahtseite nach oben halten und diese mit den Fingern zu einer wellenförmigen Leiste zusammendrücken. Mit geschlagenem Eiweiß bestreichen. Auf ein leicht gefettetes Backblech legen und 15 Minuten backen. Hitze auf 180 °C reduzieren, weitere 15 Minuten goldbraun backen. Mit Tomatensauce oder Chutney servieren.

TIP

Die Pasteten können 2 Tage im voraus zubereitet und im Kühlschrank aufbewahrt werden. Bei 180 °C im Backofen 15 Minuten aufwärmen.

Der Teig kann auch mit einer Küchenmaschine – wie im Rezept Seite 62 beschrieben – zubereitet werden.

Register

Beilagen
Kräuterplätzchen 54
Kümmelklöße 36
Ratatouille 22

Kalb
Gourmet Hackbraten 61
Kalb-Schweinefleisch-Pastete 62
Kalbskoteletts 26
Kalbsrouladen in Tomatensauce 42
Kalbssteaks in Marsala 25
Kalbssteaks in Zitronenrahm 24

Lamm
Auberginen-Lammauflauf 58
Cassoulet 46
Chili-Lamm mit Cashew 10
Irish Stew 42
Kalb-Schweinefleisch-Pastete 62
Knuspriges Lamm in Knoblauchsauce 29
Lammauflauf rustikal . . . 60
Lamm-Curry mit Mandeln und Kokosnuß 44
Lammhaxen mit Knoblauch 45
Lammkoteletts in Johannisbeer-Orangengelee 30
Lammleber mit Speck 27
Lammnieren und Steak im Pastetenhaus 52
Lamm-Pastete 57
Lammschnitzel mit Kräuter-Zitronenbutter 28
Mongolisches Lamm fleisch 13
Satay-Lamm mit Nudeln 12
Schäfer-Pastete 56

Pasteten
Familien-Fleischpastete 49
Lammnieren und Steak im Pastetenhaus 52
Lamm-Pastete 57
Schäfer-Pastete 56

Rind
Bunte Rindfleischpfanne mit Brokkoli 10
Champignon-Rumpsteaks 23
Corned Beef mit Zwiebelsauce und Meerrettichsahne 34
Familien-Fleischpastete 49
Gefüllte Teigtaschen 63
Geschnetzeltes Rinderfilet mit Sesampflaumen 7
Hackfleisch-Pizza 51
Knuspriges Polentaschnitzel mit Ratatouille 22
Lammnieren und Steak im Pastetenhaus 52
Mariniertes T-Bone-Steak 20
Nudelauflauf mit Hackfleisch 50
Ochsenschwanz geschmort 35
Pikantes Rind mit Kräuterplätzchen 54
Provenzalischer Rollbraten 38
Rinderbraten mit Auberginen und Süßkartoffeln 40
Rinderchili mit Bohnen 55
Rindercurry mit Kartoffeln 33
Rindergeschnetzeltes mit grünem Spargel 6
Rindergeschnetzeltes mit schwarzen Bohnen 5
Rindergeschnetzeltes mit Walnüssen 9
Rindergulasch mit Kümmelklößen 36
Rindfleisch Burgunder Art 41
Rindfleisch mit Paprikastreifen in Austernsauce 8
Rind Stroganoff 17
Schnelles Zwiebelsteak in Sataysauce 21
Zwiebelschmorbraten in Rotwein 38

Saucen
Käsesauce 50
Knoblauchsauce 29
Meerrettichsahne 34
Senfsauce 31
Zwiebelsauce 34

Schwein
Cassoulet 46
Filetsteaks mit Pflaumen 47
Gourmet Hackbraten . . . 61
Kalb-Schweinefleisch-Pastete 62
Pfeffersteaks in Rotwein 19
Steak Diane 18
Steaks vom Schwein in körniger Senfsauce 31
Süßsaure Schweinerippchen 14